地域福祉の弱みと強み

―「藤里方式」が強みに変える―

菊池まゆみ
Mayumi Kikuchi

ブックデザイン　株式会社ビー・ツー・ベアーズ

刊行にあたって

藤里町は、秋田県の北部に位置する人口三五〇〇人の町です。そこで地道な活動を続けてきた藤里町社会福祉協議会が一躍有名になったのは、二〇〇六（平成十八）年に行ったひきこもりの調査です。ひきこもりにあたる人が一〇〇人を数えるという調査結果と藤里町社協が取り組んだひきこもり支援は全国に衝撃を与え、その後のひきこもりに関する理解のひろがりにつながりました。

菊池まゆみさんは「経理事務やお茶くみが主業務」からスタートし、事務局長（二〇〇二年）、常務理事として、さらに会長としてこの藤里町社協の活動のリーダーシップをとってきました。

菊池さんは、組織としての仕事にどのように臨むのかに強い関心をもってきました。そのことは、「『ヒト・モノ・カネ』の不足は言い訳にならない。」に始まる職員に対する（実は本人に対する）厳しい姿勢となって表れていますし、職員指導においては地域福祉実践の基本的考え方にこだわり、それが藤里町社協の活動に反映している様子が本書のミソとなっています。

菊池さんは、「小地域ネットワーク活動事業」の要援助者名簿作成が最初の仕事でした。この事業は、秋田県社協が一九八〇(昭和五十五)年より展開してきたもので、秋田県内の社協で大切に育ててきたものです。藤里町社協は、これをある意味忠実に実行し、これを中核に事業の幅を広げてきました。

菊池さんは、「小地域ネットワーク活動事業」のスローガンである「一人の不幸も見逃さない」を広い視野で地域のニーズを見つめることと理解し、地域住民、民生委員とともに解決にあたるとともに、とくに個別訪問を行う専門職(保健師、ホームヘルパー等)と連携して、早期発見・早期対応に努めたと述べています。

「私は、現在でも『小地域ネットワーク活動事業』の基本部分を淡々と続けているだけで特に目新しい事業に着手しているつもりはありません。」は、そのまま受け取れないにしても、菊池さんが何より重視しているのは、ニーズ把握の視点と確実さ(見逃さない)ということがわかります。

そして、「藤里方式」の諸活動の震源地となっているのが、本書でも具体的に紹介されている「報告・連絡・相談用紙」です。この用紙を活用して、各部門からの情報を集めて必要な対応をするシステムを採用しており、菊池さんは「日常業務がそのままニーズ把握の場になるという事例を体感することで、ニーズ把握に対する意識が格段に向上することもわかってきました。」と述べています。

実は、ひきこもりの調査もこの「報告・連絡・相談用紙」によりホームヘルパーなどが把握したニーズを報告したのがきっかけであったと理解しています。

一方で、事業づくりの名人である菊池さんは、種々の事業を発展させてきた結果、「町民全てが生涯現役を目指せるシステムづくり事業」としていわば統合にとりかかっていると言ってよいでしょう。このような事業展開も、ニーズ把握の視点と確実さからきているという理解をしていただけると本書の内容が確実にみなさんの力になることと思います。

二〇一六年十月　全国社会福祉協議会地域福祉部

はじめに

最初に「地域福祉実践にかかわる人」とは誰なのかを考えてみてください。私自身は藤里町社会福祉協議会に所属する者ですが、「地域福祉実践にかかわる人」を社会福祉協議会関係者に限定していません。地域福祉実践が、地域に暮らす方がたに「安心」をもたらすことも可能だとすれば、地域福祉実践の定義がおのずと変わってくるのではないかと考えています。

二〇一五年に出版した『「藤里方式」が止まらない』（萌書房）のなかで、地域福祉実践において弱者のみを支援の対象とする発想のままでは限界があるのではないか、と申しあげました。その限界を超えてみようと、藤里町社協では、二〇〇〇年頃からほんの少し福祉の常識の枠を拡げ、地域福祉実践をとらえ直しました。それを「藤里方式」と称して実践を積み重ねてきたのです。

数年前に、ある大学が藤里町で実施した意識調査の関係者から「驚くべき結果」という感想をいただきました。福祉分野とは無関係の学生による聞き取り調査で、「将来に対する不安はあるか」との質問に対して、住民からは「不安はあるけれど社協があるから大丈夫、安心している」という回答が多くあったそうです。多くの市町村で意識調査を行ってきたが、このようなことは初めてで、年齢層も所属も異なる多くの町民が同じように回答したことに驚きを覚えた、という感想でした。

「藤里方式」の地域福祉実践によって、地域でどのような変化が起きたのか、私たちも十分に理解できているわけではありません。ですが、地域福祉実践の枠組みや考え方をとらえ直すだけで実践の成果は上がり、職員個々の業務負担も軽減されるということを本書で感じていただけると思います。

もちろん、「藤里方式」は一日で成るようなことではありませんが、本書を読んで面白いと感じた方が、新たな視点で地域と向き合い、「藤里方式」を超える実践を成し遂げられることを期待しております。

二〇一六年十月　　　菊池　まゆみ

目次

第4章 「藤里方式」の実践的人材育成

第5章 町民全てが生涯現役をめざせるまちづくり

第1章　「藤里方式」ことはじめ

第1章

「藤里方式」とはじめ

1 今？ なぜ？ 新たな方式が必要なのか

本書は、地域福祉の実践現場における創意と工夫であり、確立した実践方法を示すマニュアル本ではありません。手法があるとすれば、地域福祉実践者の自覚をもつこと、それだけです。地域福祉の実践現場において自分の職務を再認識していただくための本をめざしていると理解してください。

私は藤里町社協事務局長職に就いてからの一五年間、職員に地域福祉実践者の自覚を身に着けてもらうために、あの手この手と悪戦苦闘を続けてきました。会長職に就いた現在でも、日常業務における職員の「基本姿勢の揺らぎ」について指摘する場面は多々あります。ほとんどの職員が「自覚が足りない」と思っていますし、そのことを指摘しても、すぐにわかってもらえた例《ためし》がありません。

しかし、全国から視察依頼や講演依頼を受けるようになり、他の地域の状況を知る機会が増えるにつれ、未だ地域福祉実践者にはほど遠いと感じている藤里町社協の職員が全国的に高い評価を得て、意識の高さを認めていただけるようになり、喜び以上に責任を感じています。

ですから今、「地域福祉実践者」の定義さえ現場に根づいていないことを大前提にして、「地域福祉実践にかかわる人」とは誰なのかということから論をすすめたいと思います。

二〇一五（平成二十七）年に出版した、『藤里方式が止まらない』は、藤里町社協のひきこもり者等支援の経過記録をとおして地域福祉実践者の自覚をもつことの重要性と、それを身に付けることのむずかしさ（指導することのむずかしさも含めて）を盛り込んだものです。刊行後、多くの方がたからさまざまなご意見をいただきました。

一般の方がたからは「共感できた」「わかりにくい福祉がわかりやすく理解できた」という感想を多くいただきました。また、研究者からは「目からウロコの驚きを覚えた」「常識を覆す新発想に感嘆した」という言葉をいただきました。

その一方で、実践者の方がたからは「当たり前すぎること」「共感できるが誰もができることではない」という感想が多く寄せられました。

一般の方がたや研究者及び実践者の受け止め方の違いをどう整理したらよいのでしょうか。地域福祉実践の理念が現場に根づいていないという仮説をもとに、一般の方がたの感覚から遠く離れた地域福祉実践が横行しているのではないかという推論は、あまりにも無謀でしょうか。


理念と実践とは違うという意見も多いでしょうが、地域福祉実践に限っては、理念と実践が一体でなければ、決して成し遂げられないことを私は痛感しています。だからこそ今、現場発の地域福祉理念の実践の手法が必要になっていると思います。研究としての実践論ではなく、現場発の理念を根づかせるための手法です。方法論として確立した手法ではなく、現場の創意と工夫というスキルこそが実践者に求められています。

なぜなら、地域福祉理念の実践は、地域で暮らす人びとがすでに行っている日常にあるのに、知識だけの自らを実践者と勘違いした福祉職には、その実践が見えていないだけだと思うからです。

地域における日常の暮らしの中で、本人や周囲も意図しない地域福祉理念の実践が垣間見られます。広大な地域福祉に挑む無力な私ども福祉職に求められることは、その瞬間を見逃さない努力とスキルです。こうした日常の瞬間が増えるように地域住民に寄り添い続けることが必要なのです。地域福祉実践現場において、残念ながら地域福祉理念の実践の瞬間を目の当たりにしても、気づくことのできない職員が多いのではないかと感じています。

「ヒト・モノ・カネ」の不足は言い訳にならない

例えば、地域からの切実な訴えだというのに担当が違えば関心をもたず、すでに地域福祉実践が成されてる事実には見向きもせず、日常業務の滞りない遂行だけが職務と思い込んだままであったりします。さらに、地域福祉実践は日常業務とは違ったところにあると思い込み、「ヒト・モノ・カネ」さえ揃えば先進事例と同じように実施できると幻想し、地域の現況に向き合う必要も感じない。このような勘違い実践は地域に定着するはずもなく、それを人員不足や予算不足に責任転嫁するという悪循環に陥ってしまいます。その結果、恵まれた環境だからできる先進地と自分たちは条件が違う、と自分に都合のよい解釈に落ち着いてしまうのです。

実践の一部だけを切り取ったマニュアルや実践事例紹介も、常に変化しながら続くファジーな地域福祉現場では、一部の断面図を見ること自体が無意味で、むしろ地域福祉理念の実践から遠ざかることになりかねません。地域福祉実践者の自覚をもつという当たり前のことを、改めて地域福祉実践の現場から発信しなければならないほど、実践現場は混乱しているのです。

ですから、五年、一〇年、二〇年と地域に暮らす方たちの生まれ、育ち、老いていく人生に寄り添い続ける地域福祉理念の実践を、事例紹介という一部断面図ではない現場の創意と工夫をきちんと発信したいと考えています。

例えば、ホコリだらけの家具を展示している家具店で「人手不足だから仕方がない」と客に言い訳をする店員がいたとしたら、あるいは店先に腐りかけた果物が並ぶ果物屋で「仕入れに資金をかける余裕がないから仕方がない」と愚痴をこぼす店主がいたとしたら、そんな店には二度と行かないでしょう。それなのに地域福祉担当職員はなぜか「ヒト・モノ・カネ」の不足が言い訳になると思い込んでいます。

地域福祉推進のために必要不可欠な事業や地域福祉向上につながる企画を持ち込まれて

も、当たり前のような顔で「ヒト・モノ・カネ」が揃わないことを理由に断る社協もあるようです。地域福祉推進役の社協が、「ヒト・モノ・カネ」が揃わない限り地域福祉向上のための事業を行わないとしたらどうなるのでしょうか。地域福祉実践者の自覚をもつ職員が一人でもいる社協なら、そんな言い訳が出てくるはずはないのです。現場の大変さは私自身も実感しています。それでも「ヒト・モノ・カネ」の不足は言い訳にならないのです。

2　小地域ネットワーク活動事業の可能性

私は、専業主婦をしていた頃には、社協という組織の存在すら知りませんでした。藤里町社協に入職してからも感覚は地域福祉の専門家というよりは素人に近く、福祉職の常識に違和感を覚えることも少なくありませんでした。福祉の常識に固まってしまっている方は、まず準備運動として、福祉の常識は世間の常識ではないことを理解してスイッチを切り換えてください。

私は福祉の初心者のまま、ネットワーク活動事業の担当として採用され、「一人の不幸も見逃さない運動」と銘打った「小地域ネットワーク活動事業」の要援助者名簿を作成するという使命を課せられました。この事業は、秋田県社会福祉協議会が提唱し、一九八〇（昭和五十五）年から県内の全市町村社協で取り組まれたもので、要援助者を地域で見守りながら「助け・助けられる福祉の風土づくり」をめざしたものでした。私は担当者といっても「経理事務やお茶くみ業務に支障をきたさない範囲」でという但し書きがついていましたから、実際には戦力として全く期待されていなかったのですが……。

対象はひとり暮らし高齢者だけなのか

それでも私はとても重要な仕事だと思いましたので、私なりに考えて要援助者を把握するために、「バースデーカード配達事業」とか「子育て世帯の福祉ニーズ調査事業」などの、さまざまな層の町民を対象にした企画案を出しましたが、あっさり却下されてしまいました。上司にとっての地域の要援助者とは「ひとり暮らし高齢者」だったようで、私にはそれが全くわかっていなかったのです。「一人の不幸も見逃さない運動」とサブタイトルを付けた事業ならば対象は全町民と思ったのです。私は、自分の解釈が間違っているとは思わず、上司が許容する範囲内で粛々と、私なりの小地域ネットワーク活動事業をすすめていきました。地域福祉実践現場の現状が見えてくるほどに、余計に独自解釈の「小地域ネットワーク活動事業」を貫いてきました。

私は、現在でも「小地域ネットワーク活動事業」の基本部分を淡々と続けているだけで、特に目新しい事業に着手しているつもりはありません。詳細は次章以降に譲るとして、福祉専門職の人はなぜ疑いもせずに、「一人の不幸も見逃さない運動」の対象者は「ひとり暮らし高齢者」だととらえるのか、不思議に思うばかりです。

「地域福祉理念に沿った実践が必要！」とか「あくまでも住民主体の活動であるべき！」という呼びかけを聞いたとき、福祉職の多くは果てなく困難な業務をイメージするようで、素人スタンスの私が抱く気楽なイメージとは大きく違うようです。私の場合は、「そうか、その理念とやらに沿ってがんばればよいのか」と、気負いなく受け入れ、面倒だけれどそのために採用された職員なのだから仕方がないと思ったものです。

社協は「福祉の総合デパート」です

その頃、地域福祉のテキストや社協基本要項等の「市町村社協かくあるべし論」を斜め読みして描いた私の社協組織のイメージは、「地域限定の福祉の総合デパート」でした。特別養護老人ホームや障害者支援施設が専門店としたら、地域ニーズに応じて地域に必要な福祉サービスの企画・展開まで求められるのは「総合デパート」であろうし、「小地域ネットワーク活動事業」とは、その役割を果たすための核心事業だろうというイメージでした。

実際に私がやったこととは、地域に向けて「福祉の総合デパート」の看板を大真面目で掲げただけです。喩《たと》えはおおげさですが、「上司の目を盗みつつ他人様の軒先を借りて木箱を置き、その上に他人様からもらったミカン一個とバナナ一本を並べた」だけで、それでも胸を張って「総合デパート」を名乗ったのです。片田舎の小さな町で、地域に役立てる総合デパートをめざすなら、福祉の何でも屋程度で十分だと自信満々でした。物好きな人が気まぐれにのぞく程度の福祉への期待度でしたから、無理に品揃えを豊富にする必要も感じなかったし、場違いに瀟洒《しょうしゃ》な建物をほしいとも思いませんでした。醤油がほしいという要望があれば調達に走ればいいし、ひと壜《びん》を用意できなくても夕飯に間に合うくらいを確保すれば上出来だというイメージです。そして、総合デパートに醤油を置いてほしい、ソースを置いてほしいという要望には、可能な範囲で応えていきます。しかし、総合デパートの名に恥じない高級家具を置くべきという意見は、「分不相応な品物は地域にそぐわないので」と丁重にお断りします。このように、地域に役立てる「福祉の総合デパート」を自分の守備範囲で地道にやっていくうちに、いつの間にか品数が増えて手狭になり、やがて店構えも大きくなって「福祉の総合デパート」らしき体裁も整ってきた、というのが本当のところです。

ですから、「総合デパート」をめざしたいが「ヒト・モノ・カネ」が揃わないからできないという主張は、私相手には成り立ちません。社協職員が「福祉の総合デパート」をめざすべき職務だということは、誰しも承知しているはずですので、その方法がわからないから、その力量がないから、と言うべきところを、高級家具がないから、果物しかないから「総合デパート」をめざせないというのは、私には無意識のすり替えがあるとしか思えないのです。

できないことの正当化をやめることが第一歩

「総合デパート」をめざすために雇われた人が、自分の力量不足という現実から目をそらしてしまったらどうなるのでしょう。最初のうちは、総合デパートは無理でも果物なら扱えると考えていた人が、仕入れの金がないから、仕入れのプロではないから仕方のないことと、さらなる上手なすり替えをします。自分は「総合デパート」という夢物語を追うより、日常業務を一所懸命に行っていると、やはり自分を正当化してしまいます。無意識のすり替えは、習性になりやすいのです。

福祉専門職の多くが抱く「福祉の総合デパート」のイメージが、私が描いた何でも屋のイメージではなく、瀟洒な建物であり高級家具などの豊富な品揃えの完成図だと仮定してみましょう。自分たちには手が届かないと、早々に諦めの気持ちが湧《わ》くかもしれませんし、本音《ほんね》では自分の地域にそんな瀟洒な建物も高級家具も必要ないと思ったかもしれません。高級家具は必要ないという想いこそ普通の考え方でしょう。しかし、瀟洒な建物や高級家具をめざすのが自分の職務と思い込んだ福祉専門職は、職務遂行のためには本音をひた隠し、問題を先送りにし、とりあえず目の前の業務をこなすことに集中する、そんな物語を勝手に想像してしまうのです。

福祉専門職が描く「福祉の総合デパート」のイメージ、あるいは刷り込まれた「福祉の総合デパート」のイメージが、現実離れした実現不可能なものであるとしたら、そうした悲劇の物語は起こり得ると思います。

地域で暮らすことは同じように見えても決して同じではない日常の連続です、と先にも申しあげました。ですから、地域福祉実践がめざすべき理想図とされるものは、あくまでも一部事例であり一部の断面図にすぎないのです。福祉専門職が誤った理想に向かう気でいたり、地域福祉理念の実践は困難だと思うこと自体がすでに誤ったイメージにとらわれているためかもしれません。

とりあえず無意識のすり替え・正当化をやめることが地域福祉理念の実践に向けての第一歩と考えます。

3 地域福祉実践に欠かせない自分の力量判断と実践力

「藤里方式」を効果的に行うためには、一つは「自分や自社協の実力を把握したうえで行うこと」、もう一つは「地域に根ざした実践であること」という二つの注意事項をきちんと守る必要があると考えています。

前項で「福祉の総合デパート」は木箱一つ置くところからでもはじめられると申しあげました。しかし、それは木箱一つ置くだけで事足りるということではありません。当時の私の実力では木箱一つを置くことが精いっぱいでした。ですから、立派な店舗を構える実力をもった人が木箱一つで済ませようとしたなら「職務怠慢」で、実力がないのに立派な店舗を構えようとすれば「分不相応」で、木箱一つ置いたまま一歩も進めなかったとしたら、怠慢というよりは「能力不足」でしょう。

職員の職務遂行能力を的確に判断しなければ、地域福祉実践の現場は大きく混乱します。ですから私は職員に対して常に、職務遂行における「実力相応」「職務怠慢」「分不相応」の判断を下し、職員本人にも伝えています。それは、あくまでも職務遂行のための判断であって、職員個々人への批判ではありません。

「今のあなたでは実力不足かもしれないけれど、失敗も経験になると思って挑戦してください」

「事業そのものは順調ですが、あなたに担当させているのはそれ以上の成果を期待してのことなのですよ」

「自分の能力不足を感じたら、早めに協力や支援を要請してくださいね」

地域福祉実践を妨げる個人のエゴ

地域福祉実践という職務を遂行するうえで、力量不足は大きな支障にはなりません。力量に見合った実践方法を選択することも、力量不足を補うための方策を採ることも可能だからです。しかし、「恥をかきたくない」「実力以上に見られたい」という感情を優先させて力量不足を隠したのでは、職務に大きな支障をきたします。何より、自分の実力を過不足なく的確に判断できないままでは、福祉ニーズを把握する判断力も、地域に根ざした実践を行う実践力も身に付きません。私自身、見栄も体裁も情けないほどに数多《あまた》もちあわせている人間です。だからこそ、見栄や体裁を気にする弱さが、ソーシャルワーク業務の妨げになり判断ミスにつながることを痛感しており、個人のエゴを仕事にもち込んではならないと強く戒めています。

地域福祉実践の現場ではそんな個々人のエゴが見逃されて、誤った高い評価を受けている場合すらあり、それらが地域福祉実践の大きな妨げになっている事態が見え隠れしています。個人のエゴが見逃されてしまう理由と地域福祉実践が成されない理由とが密接に関連していることは、本書を読みすすめるうちに理解していただけると思います。

地域福祉実践の現場では、何よりも自分の実力や自社協の実力を過不足なく的確に判断する習慣を身に付けることが求められます。余計な見栄や体裁から離れて自分の実力、自社協の実力を正しく把握できれば、二つ目の注意事項の「地域に根ざした実践であること」はたやすくクリアできます。

4 「基本姿勢の揺らぎ」が起こるメカニズム

地域福祉推進のために現場の職員は誰しも、地域の方たちのためにがんばろうと思っています。それなのに、自分で気づかないうちに、はたまた業務に忠実であろうとするほどに、自ら望んでいない方向に向かってしまうことがあります。なぜなら、地域福祉理念・実践の基本姿勢を職員は学習したつもりでも、また理解したつもりでも、実は身に付いていないからです。

まず、基本姿勢を身に着けることは訓練なしでは不可能に近いという事実を知ってください。ですから、「基本姿勢の揺らぎ」を実践の場で常にチェックするしかありません。

日常の一つひとつの業務や事業が、その本来の目的に沿って実践されているかどうか、基本姿勢を守っているかどうか、「基本姿勢の揺らぎ」をチェックすることが必要なのです。

「基本姿勢の揺らぎ」チェックからわかること

ここで、藤里町社協の「基本姿勢の揺らぎ」を指摘した事例をもとに地域福祉実践者の自覚について再度ふれてみます。

地区ごとの福祉座談会事業は、地区住民の意見を広く聞くとともに地区のみなさんに社協を知っていただくことを目的にした、とても重要な事業です。この事業を例にして揺らぎのチェックをみていきましょう。

ある年の担当職員は、住民の声を聞くためにKJ法を用いて座談会を実施しました。新聞やテレビで介護保険制度が大きく変わることが報道されていた年のことで、デイサービスはこれまでどおりに利用できるのか等、介護保険事業の今後の具体的な進展に参加者の関心が向き、担当職員は進行に苦慮しました。職員は、雑談になってしまいKJ法を中断したことが悔しかったようで、有意義な話し合いの場を設けたのに住民の意識が低すぎてうまくいかなかったと嘆いたのです。出席者の多くが真剣に語り合った座談会の、何がうまくないというのでしょうか。ですから、私の「基本姿勢の揺らぎ」チェックが入りました。

「何のための座談会ですか、あなたは住民の声が聞きたいからKJ法を用いたはずですよね」と、福祉座談会開催の目的を忘れていないかのチェックです。そして「あなたは住民の声を封じてでも、KJ法を指導したかったのですか」と、手法にこだわり、目的から逸脱して個人のエゴに走っていたことへのチェックです。

また、ある年の担当職員は質問や苦情に備えて盛りだくさんの資料を用意し、段取りよろしくていねいな説明に心がけて座談会を終えましたが、私の目には惨憺《さんたん》たる光景と映っていたのです。流暢《りゅうちょう》すぎる説明に居眠りしている方が目立つなか、「認知症相談」のチラシを気にして、問いたげな男性参加者は無視され、座談会が終わっても帰ろうとせずに何か言いたげな女性は、忙しく片づけはじめた職員に何も言い出せないままにあきらめて出口に向かう。「何のための座談会ですか」「あなたは座談会で地域の方の声を聞きたいのですか」「それとも、滞りなく落ち度なく座談会を終えてしまいたいのですか」と、私は再び指摘せざるを得ませんでした。この場合も指摘のポイントは座談会の目的意識からの逸脱と個人のエゴでした。

担当職員はチラシを気にする男性や何か言いたげな女性の存在に気づいてはいたそうで

すが、上手に進行することしか頭になく、住民のニーズにふれるチャンスを逃したことを認めてくれました。

それでも、ＫＪ法に挑戦する職員の見識の高さを、さらにとてもスムーズな進行をほめる風潮が主流のようです。

目的のすり替えを許さない「揺らぎチェック」を

「苦情を言われないようにがんばった」「事業を滞りなく終えたい」という個人的な思いが、住民の声を聞くための事業そのものの目的を変えてしまう結果に陥ったのです。

福祉の現場では、このような「基本姿勢の揺らぎ」による目的のすり替えが担当者レベルでたやすく起こります。すり替えを起こさないための唯一の秘訣は、「揺らぎ」を繰り返しチェックすることで地域福祉実践者たる自覚をもつことです。

日々の業務に細かいチェックを入れることに抵抗を感じるかもしれませんが、むしろ、地域福祉現場の指導者こそが何よりもこだわって行うべきことだと実感しています。

考えていただきたいのです。家具店が実施する大掛かりな家具展示会会場で、販売員が家具の値段を聞きたがる客を相手に、苦労した飾りつけの話をしている光景を。あるいは、展示会でミスをしたくない販売員が、家具を買いたがっている客を見ないふりをして、早く展示会を終らせようとしている光景を。そんなあり得ない光景が、あってはならない光景が、福祉の現場では日常的に起こっているのかもしれない、ということです。

目的のすり替えを許さない「揺らぎチェック」は、想像する以上にむずかしくなく、想像を超えて効果的です。地域福祉理念の実践、地域の役に立てる実践を優先させるとなれば、個人のエゴを優先した実践では味わえない気持ちのいい仕事となります。気持ちのいい実践を実感してしまえば病みつきになり、二度と合点がいかない実践をする気にはならないことでしょう。気持ちのいい実践を体験した職員は、「揺らぎ」のチェックを怠りません。そして、実践をくりかえした三年後にはさらなる気持ちのいい実践を実感することになるでしょう。

「小地域ネットワーク活動」の可能性

ここで個人としての実践に少しふれてみます。一人の不幸も見逃さない運動である「小地域ネットワーク活動事業」の実践です。私の場合、地域福祉実践の原点は、一人の不幸も見逃さない運動であり、小地域の支え合い活動だということに、とことんこだわり続けています。

私は、一人の不幸も見逃さない運動ならば、対象を「ひとり暮らし高齢者」に限定してはならないのではないか、地域での暮らしの支え合い活動なら、支える人と支えられる人を色分けするやり方はおかしいのではないか、と藤里町社協の「小地域ネットワーク活動事業」のすすめ方に批判的な立場でした。しかし、それを主張する有効な手段もわからずに空しい抵抗をしながらも、ともかく自分自身が担当者ですから、支え合い活動の実践をつくることにまい進しました。

ネットワーク担当職員だった頃は、「一人の不幸も見逃さない」ためのニーズ把握を念頭に、少しずつ着実に対象者名簿を作成すると同時に、必要な事業を提案し続けていました。

ひとり暮らし高齢者交流会事業の案内状を手配り配布し、状況の変化を見逃さないようにしました。高齢者夫婦世帯にアンケートをとり、奥様に試食をお願いする「男性料理教室」を開催し、在宅介護者のための「介護者の集い」事業、知的障害者の家族のための「家族交流会事業」等を立ち上げ、精神保健ボランティア養成講座には、精神障害者や家族を誘い出しました。そんなふうに、新規事業立ち上げに向けたニーズ把握と案内状の手配り配布を基本に、本人の同意を得た要援助者名簿を増やしていったのです。

そうしたなかで「一人の不幸も見逃さない運動」の担い手は地域住民であり民生委員で、担当職員は世話役に過ぎないという基本は実感できました。経理事務の合間の訪問活動が支援と呼べるはずもなく、要援助者の顔と名前を覚えただけでしたが、それは民生委員や近隣協力員との意思疎通につながりました。

早期発見・早期対応に重きをおき、地域で対応困難な事例は必ず私が対応するという信頼を得て、対象者の状況変化はリアルタイムで私に情報が集まるようになっていました。戸別訪問を職務としていた専門職（当時は保健師・ヘルパー等）や、必要に応じて福祉員やボランティアやシルバーバンクにつないで即時の対応ができる態勢もできていきました。

在宅介護者支援センター（地域包括支援センターの前身）は二十四時間対応の特養等に設置するべきという指導に対し、町の担当者が、当町には社協のネットワーク活動事業があり、福祉の司令塔を二つに増やす気はないと主張してくれるまでになっていきました。

小地域ネットワーク活動事業とは、社協の事務補助兼務の平職員でも地道にコツコツと積み上げていれば福祉の司令塔とまで言ってもらえる、そんな可能性を秘めた事業なのです。

地域福祉実践者としてのだいご味

このように「小地域ネットワーク活動事業」は一定の成果をあげていきましたが、それでも私には地域の気の毒な弱者（ひとり暮らし高齢者）を近隣の方がたが支えるという図式そのものに、抵抗がありました。富めるものが貧しきものに与えるという構図は、多分西欧の宗教的基盤に裏打ちされた方がたには了解が可能でしょうが、そうした精神的機軸をもたないままに、地域福祉実践のマニュアルや実践事例を理想の完成図としてまねることは、むしろ地域福祉理念の実践とは乖離したものになる危険性を含んでいます。

地域の暮らしに寄り添う支援、生まれ育ち、老いていく人生に寄り添い続ける支援という終わりのない地域福祉実践では、その場を盛り上げて上手にやり過ごしたぶんだけ、強い跳ね返りがあるものです。

例えば、地域の有力者が介護者の立場となって介護現場の窮状を知り、強力な支援者になってくれたとします。必要なら何でも揃えろと言われ、有力者の機嫌を損ねないために、あるいは好機と考えて不必要な物まで要求してしまう。地域福祉実践現場はそこで終わらず、五年後、一〇年後に続いていきます。その頃、介護者だったことも忘れた有力者は、今度は介護現場の無駄をチェックする立場になって現れることもあるのです。

あるいは、地域福祉の理解を高めるための座談会で、あるひとり暮らしの方の窮状を強調して地域の方がたの同情心を呼び覚まして成功裏に終わったとします。しかし、その時、上から目線で救ってあげたいと思った人たちも、やがて支援が必要な人になり、そんな支援は受けたくないと思うかもしれません。

このように、地域に住むさまざまな方がたの利害が一致することはあり得ません。ですから、地域福祉の現場が対象を限定しようとするほどにさまざまな矛盾が出てきます。地域福祉理念の実践者であると覚悟を決め、地域福祉推進につながる実践にこだわり続け、地域福祉実践者である自負をもち続ける以外に地域福祉実践を成す方法を、私は知りません。そのこだわりが、地域の方から「社協があるから安心だ」という言葉となって返ってきます。それは「基本姿勢の揺らぎ」を常にチェックしながら実践してきたことの結果だと思っています。

第2章

「藤里方式」の取り組み事例①　機能する組織づくり

第2章

「藤里方式」の取り組み事例① 機能する組織づくり

1 地域に根ざした実践とは

介護保険事業参入をめぐる議論

表1 社会福祉法による市町村社会福祉協議会の事業の規定（第百九条）

一 社会福祉を目的とする事業の企画及び実施
二 社会福祉に関する活動への住民の参加のための援助
三 社会福祉を目的とする事業に関する調査、普及、宣伝、連絡、調整及び助成
四 前三号に掲げる事業のほか、社会福祉を目的とする事業の健全な発達を図るために必要な事業

表1に掲げた「社会福祉法による市町村社会福祉協議会の事業の規定」を確認してください。第四号には、「社会福祉を目的とする事業の健全な発達を図るために必要な事業」と記載があります。この項は、地域福祉向上のために必要な事業を見極め、開発していくことこそが社協の存在意義であり、専門性が問われることを示しているものと解釈しています。

私が事務局長に就任して最初の理事会では、「介護保険事業に参入すべきかどうか」の議論がはじまりました。

すべての社会福祉協議会は地域福祉推進を共通の使命としていますが、介護保険事業への参入については、それぞれの市町村社協自らが参入することが自分の地域の福祉向上につながるかどうかを論じるべきであって、一般論として論じることではない、と思っています。

社協の介護保険事業には、質の高いサービスを提供して他事業所の手本となり、そのノウハウを他事業所に提供して地域の介護サービス全体の向上に寄与する使命があると思います。もちろん、町民に負担をかける赤字運営は許されないし、黒字分を地域の福祉向上のための必要事業に充てる運営でなければなりません。

ですが当時の藤里町社協のホームヘルプサービスは、質は悪いうえに赤字体質で、「参入すべきか否か」を論じることのできる立場ではなかったのです。

介護保険制度がはじまったばかりで、さまざまな事業所が入り乱れて参入し、地域住民への安定的な介護サービス提供が保障できない状態での撤退は早急すぎると思えました。お粗末な事業所運営であったにもかかわらず藤里町社協を頼りにしてくださる方は多く、社協だから大丈夫、社協だから安心と思ってくださる方がたに対して、せめて社協が撤退しても他事業所があるから大丈夫と思えるようになるまではがんばりたかったのです。期待に応える努力もしないまま、安全策を求めての撤退ではあまりに情けなく悔しすぎて、事務局長職をやらせていただけるなら、理想の事業所運営をめざしたいと思っていました。

そんな思いはあるものの、当時の私にはどうやって理事会の同意を得るのかという発想はなかったようです。有利も不利も現状は伝えて、見通しがあることもないことも含めて、めざしたいことはきちんと伝えて判断を仰ぐだけで、事務局長職の自分が、小賢《こざか》しく事務局案を通す通さないを考える必要はないと考えていました。実は後述するように、今でも精いっぱいの案を考えたのなら、その案をどうやって通すかなどとは考えない私なのですが……。

社協への期待を自覚した住民意識調査

地域に根ざした社協活動を語るうえで忘れられないのが、二〇〇四（平成十六）年度に実施した藤里町民に対する大規模な意識調査です。当時の人口四〇〇〇人の町で、一〇〇〇人以上を対象に実施したのです。しかも、藤里町社協が行うすべての事業に関して、その一つひとつを点数制で判定してもらうというものですから、調査票は五四ページにも及ぶ膨大なものでした。それでも八〇％に近い回収率で、自由記載欄にもかなりの人が記入してくださったのを記憶しています。

町民の四人に一人が難儀をして記入したのですから苦情だらけでしたが、ある意味、大盛り上がりでした。その年の地区座談会では、どの会場でもアンケート調査に苦労した話でもちきりになり、苦情なのに爆笑が起きていました。

一つひとつの事業の判定をお願いしたのですが、その事業を全く知らない層、名前だけは知っている層、実際に利用したことのある層の三つに分けてみると、利用したことのある層は必要度が高く、全く知らない層は必要性を感じない度合いが高くなっています。当たり前と言えば当たり前なのですが、実践現場の実感が裏付けられた結果だともいえます。
意識調査の自由記載欄には、多くの人が書き込んでくださいました。報告書は項目ごとに一覧できるようにしたのですが、ほとんどすべての事業に対して、賛成があれば反対もあります。

例えば、見守りネットワーク活動の協力員だったAさんは、介護保険料の高さを嘆いて、「ホームヘルパーもデイサービスも、利用する人はごく一部なのでしょう?その一部の人たちのためにみんなが介護保険料を払わなければならないなんて、不公平よね?」と言っていた人です。それが、同居の舅《しゅうと》さんが脳血管性疾患で倒れて要介護2になり、その利用限度額を聞いて「デイサービスもショートステイも、限度を超えれば全額自己負担?特養は申し込んでも入所待ち?嘘でしょう?」と唖然としていました。必要なサービスが受けられないことに憤りを感じたようでした。「もっとサービスを充実させるべきじゃないの?」というご指摘に、充実させるほどに利用が増えるほどに介護保険料が上がるという と、「たしかにね、それはいやかも」と苦笑していました。

Aさんの場合は、介護保険料の負担増に反対だったことを思い出してくれましたが、たいていの人は違います。介護保険料が高い、介護サービスが過剰だと怒っていた人が、そのことは忘れて、自分や家族の介護が必要になったときは介護サービスが不十分だと怒ります。わがままとか身勝手とかで片づけていい問題には思えないのです。

例えば、ホームヘルパー資格も取得し、介護研修講座等も受講してボランティア活動に積極的に参加していたBさんが、実際に介護者になったとき、ため息まじりに言うのです。「介護なんて、他人ごとで自分のことと思っていなかったのよね。他人ごとだと思っている限り、身に付かないものかもしれないわね」。そのつぶやきは、長年、ボランティア活動支援やホームヘルパー養成研修に携わってきた私の実感でもありました。

そして、二〇〇四年度の意識調査のときに、私自身がさまざまな年代の方がたから聞き取り調査をした、その実感ともつながる話です。なにしろ五四ページに及ぶ調査用紙の一つひとつの社協事業内容を説明しながらの聞き取り調査ですから、一人に三時間以上もかかりました。社協事業の説明を聞きながら、「へえ、そんなこともやっているんだ」という皆さんの反応は、好意的だったり批判的だったり、関心を寄せたり無関心だったり、本当に人それぞれに考え方も関心のもち方も違うものだと思ったものです。

住民の活動を支援することこそ社協の使命

長時間にわたる聞き取り調査は、皆さん「そんな事業なんかどうでもいいから早く終わってくれ」とは言わないまでも、目はうつろでおざなりになっていきます。ですが、最後になっての「皆さまの日常生活や日々の活動に関して、社協が支援できることやお手伝いできることがありますか？」という、ほんのついでの質問になると突然に目が輝いたのです。

「え？　社協が何か手伝ってくれるの？」

それは、自分が会計を任されている地区の運動会活動だったり、役員をしているＰＴＡ活動だったり、近隣とはじめたボランティアとも言えないサークル活動だったり。実はこんな活動をやっていて困っているが、と話しはじめるその人のいきいきと輝く表情を見ながら思いました。何か、大きな勘違いをしていたのかもしれない。社協が懸命に独自事業を増やして充実させることではなく、地域でがんばっている一人ひとりの活動をできるかたちで応援していく、それこそが大切なのかもしれない。同時に、自分の身に降りかからないとわからないのだとすれば、それは、疑似体験的研修の工夫をするより、降りかかったそのとき、必要になったそのときを見逃さなければ、それに勝ることはないはずではないか、と思いました。

そうしたことから、地域福祉理念の実践者だという自覚のもと、必要不可欠と思うことだけを提案し続けることが大切だということに思い至りました。何しろ地域には賛成者と同じくらいに反対者がいるのですから、自分ができる精いっぱいの提案なら、その案が通るか通らないかは別問題です。自案を通すとか通さないとか考えはじめてしまった時点で、何かが決定的に違ってしまう気がします。人事を尽くして天命を待つ、という覚悟のもとにこれからの日々を積み重ねられたのなら、組織が次第に変わり、地域福祉実践は成っていくと思います。「本気」は必ず伝わるし、一事業の成功や一時期の成果では終われないのが地域福祉実践なのです。

2　組織としての意思決定とは

前年度どおりの事業計画が手堅い経営だろうか

自組織の実力を知ろう、ということはとてもむずかしい提案です。組織運営のためには絶対に必要なことだと訴えても、本気で感じ取ってくれる方がいるのかどうか不安に思いながらも提案せずにはいられません。社協の事務局長職を一〇年以上務めて会長職に就いたうえでの提案です。

例えば、市町村社協の最大のリスクとは何か、地域福祉推進役としての社協ならば、地域から必要とされなくなることが最大のリスクかもしれません。堅実な組織運営、手堅い経営と言ったとき、多くの市町村社協関係者の方がたは多分に思い違いをしているのではないかと私は思っています。

堅実な組織運営とは、冒険をせず新規事業にも手を出さず、前年度事業をそのまま遂行していくことではないはずです。福祉関連制度はめまぐるしく変わり、地域の福祉ニーズは日々刻々と変化しています。その状況下で、前年度どおりの事業を展開することが堅実な組織運営だと信じているのなら、二～三年のうちには間違いなく取り残されて、地域から必要とされない組織になるでしょう。

経営の不安定な中小企業ほど、周囲の需要（ニーズ）の変化を常に見ながら可能な限り対応して品質の向上に努めていかなければ、たちまち経営難に陥るものです。前年度とほぼ変わりない事業計画や予算を、事務局はどう説明しているのでしょうか。例えば、あるホームヘルパー事業所の事業計画と予算について、昨年度はプラスマイナスゼロの実績で、同じ職員配置で同じような事業内容で今年度予算もプラスマイナスゼロ予算になっているとすれば、そのことについて説明が必要です。

なぜ黒字を出せなかったのでしょうか。

・事業所としての評判もよく、利用者数も収入も増えているが、在職年数の長い常勤職員が多く、収入の増がそのまま定期昇給による人件費の増に充当されている。

・ベテランの常勤職員のがんばりが利用者増につながり、経験の少ないパート職員のフォローや指導にも力を発揮している。

・二年後にベテラン常勤職員二名が定年退職を迎え、新旧職員の入れ替えがはじまり、人件費支出割合を下げることが可能になる。

・あと二年は苦しい収支が続き赤字もあり得るが、投資的意味の事業所の宣伝や経験年数の浅い職員に対する教育にかかわる必要経費と考え、現体制での運営を続けたい。

そのような、ある程度の見通しをたてたうえでの現状維持かもしれませんし、状況が全く見えていない机上の現状維持かもしれないのです。

利用者数も収入も伸び悩んでいるが、定期昇給による人件費の増があるから来年度は赤字を出さないようにがんばって利用者を増やして収入を増やす、そんな事業計画や予算は、事実を隠して何の説明もないのと同じと考えざるを得ません。第一、何をどうやってがんばると言っているのか、何を根拠に収入増の見込みを出したのか、不明な点が多々あるのではないでしょうか。ショートステイやグループホームが増えて、在宅の要介護者が減少しているための利用者数の伸び悩みなら、営業活動をがんばったとしても、利用者数を増やすことはむずかしいでしょう。

収入減の原因は利用者数の減とは限りません。例えば、介護福祉士資格をもつ職員の比率が少ないために加算が取れず、収入が減っている場合もあります。その場合、介護福祉士試験の受験に必要な年数を満たしていない職員が多く、そもそも資格に挑戦できないのだとしたら、事業所として深刻な問題です。

職員の定着率が悪く経験年数が浅い職員が多くなっているとしたら、近隣の利用者やケアマネジャーからサービスの質が低下している事業所と見られている可能性があり、収入の増は見込めないかもしれません。そして、経験年数の浅い職員が多いということは、人件費が低く抑えられている可能性があり、その状態でも黒字を出せないとしたら、事業所の運営自体に深刻な問題を抱えている可能性もあります。

こうした例示から、前年度どおりの事業計画や予算についての正しい説明は、次のようになるでしょう。

・介護保険制度が報酬単価を低く抑えて良質なサービスに加算する仕組みになり、介護福祉士等の有資格者を増やす等の対応をしないできたので、収入が伸び悩んでいます。

・ショートステイ等が増えてヘルパー事業所を取り巻く環境は厳しくなっており、それにも全く無策でした。

・職員の質の悪さか努力不足か、それとも管理部門の能力不足かなど、このような状態になった原因を分析することもしないでいます。

組織としての意思決定になっているか

このような状況を把握したうえでの組織としての意思決定だったのでしょうか。このヘルパー事業所の例をとれば、責任者に経営感覚の優れた者が携われば改善すると考えるのは早計です。社協のヘルパー事業所でそんな有能な人材を確保できると考えるのは現実認識が甘すぎます。しかし、私は組織の管理部門にある誰かが、また、職員指導や人事に関与できる誰かが、ヘルパー事業所の「運営」にではなく「経営」にほんの少しだけ関心をもってくれれば、それだけで対応できると思っています。

　私の知る限り、地域福祉実践現場の職員には、組織をないがしろにして個人の私利私欲を優先しようと思う人はほとんどいません。それなのに、現場では毎日、組織のメリットより個人のメリットを優先させる事態が当たり前のように起こっています。しかも、職員自身が個人のメリットを優先させていることに全く気づいていません。社協という組織が職員に何を求めているのか、つまり、地域福祉理念を実践するために組織が何を求めているのかが職員に伝わっていないから、こうしたことが起こると私は考えてしまうのです。

　ホームヘルパーとしての職歴が長いことから事業所の責任者を任じられた職員は、予算どおりの介護保険収入が得られなかったことに責任を感じて悩んでいます。介護福祉士の資格を取得した若手のパート職員が次々と辞職して他事業所に移り、事業所加算を失ったことも痛手なら、近くにショートステイ事業所ができて利用者が激減したことも痛手です。上司に言われるまでもなく、責任者として来年度こそはがんばって収入を増やしたいと思っているのです。だからがんばれと、とにかくがんばって収入を増やせと、毎日部下を叱咤激励しています。その組織は、部下を叱咤激励する以外の策を知らない管理者のがんばりだけで何とかする問題と判断しているのでしょうか？

若手の経理事務の職員は、厨房の食材費からデイサービス事業所の消耗品費に至るまで、予算オーバーにならないように確認を怠らず、経費削減に努めています。よく気がつくと上司にもほめられ、ますます張り切っています。厨房が食材費を惜しんで献立が貧しくなれば利用者が減る可能性や、デイサービス事業所のシャンプー等の消耗品は利用者の増減で変化することをわかっているのでしょうか。それらを加味したうえで経費削減すべきだと、きちんと組織が判断しての指示でしょうか？

組織の管理部門にある誰かが、職員指導や人事に関与できる誰かが、事業所の運営にではなく経営にほんの少しだけ関心をもってくれれば、それだけで対応できる場合が多いと思っています。それだけで救われる職員が、さらに真面目で一所懸命に方向を間違えず業務を果たせる職員が増えると思っています。

3 組織力アップには肩の力を抜く

現場サイドの組織づくりは、イコール人づくりと言っても過言ではありません。この項では、組織づくりにおいて人づくりが必要不可欠な要素だ、ということにふれてみます。表2は藤里町社協の職員体制です。人口三五〇〇人余りの町には職員数が多いと感じた方も、藤里町社協の事業量を知ればこの職員で足りるのかと驚かれます。事業展開を可能にする職員体制の特徴と工夫を紹介します。

【総務・地域福祉推進部門】

・雑用部門とも言えます。経験の浅い若手職員が入れ替わりで配属され、雑務をこなせるのが社協マンだと、どんな雑務も全力でこなしています。

・デイサービスの介護員から経理業務担当になった職員は、毎月の会計事務所の指導が面白いそうで、人手が足りないと聞けば勇んで出動します。

・地域福祉の主事業はヘルパー事業所から異動した職員が担い、多くの事業を抱えていますが、ヘルパー事業所は電話番を置かずにすんでいます。

表2 藤里町社協職員体制（平成28年4月1日現在）

部門区分	部門名	職員数（人）	資格取得状況※
事務局	総務	3	・社会福祉士 13人 ・精神保健福祉士 8人 ・正・准看護師 4人 ・介護支援専門員 17人 ・介護福祉士 31人 ・保育士 2人
	地域福祉推進	3	
相談支援	地域包括支援センター	2	
	ケアマネジメント	5	
生涯現役	広域連携	3	
	人づくり・仕事づくり	5	
	こみっと・くまげら	7	
介護保険	デイサービス	16	
	ホームヘルプ・ぶなっち・配食	9	
合計		53	

【相談支援部門（ケアマネ部門含む）】

・地域包括支援センターと地域活動支援センター、さらに社協のコミュニティソーシャルワーカー（以下、ＣＳＷ）を一体的に運営することで、少人数で総合相談所機能を果たしています。

・ケアマネ部門が介護予防計画作成や虚弱高齢者の訪問を引き受けることで、専門性の高い職員がセンターの本来事業に専念できています。

【こみっと・くまげら部門】

・障害者の就労支援Ｂ型等を含む小規模多機能事業所とひきこもり者等支援を一体的に実施しており、職員は多くの視察研修者を受け入れ、体験プログラム参加者の対応をしつつ、新たな試行事業を開始しています。

【デイサービス部門】

・業務スケジュールを調整して、週一回の「元気の源さんクラブ」やイベント等に必要なスタッフを派遣し、社協のさまざまな事業展開を可能にしています。

【ホームヘルプ・ぶなっち・配食部門】

・ヘルパー事業所がぶなっち（高齢者生活支援ハウス）や配食サービス等を運営し、ヘルパーの空き時間に稼働することで人件費を節約しています。

・ヘルパーに買い物を頼むより自分で買い物をすることが自立につながると、ヘルパー事業所が無料のお買い物ツァー事業を実施しています。

※ 職員の資格取得状況

・ケアマネジャー・社会福祉士・精神保健福祉士等の資格は、職員が藤里町社協に入職してから、自分で勉強して得た資格です。

・正職員採用者は数えるほどで、パート採用が主流の藤里町社協ですが、これだけの有資格者が揃っているのは職員個々の努力と頑張りの成果です。

こうした藤里町社協の体制をつくりあげてきた背景にある人材育成の考え方を述べていきます。

たとえば適材適所という考え方

リーダーにふさわしい人材を資質や能力、経験を活かせる場所に配置できれば、理想的な組織運営が可能かもしれません。ですが、藤里町社協では長年、正職員の募集はなく新規雇用は介護のパート職員のみでしたから、そもそもリーダーにふさわしい人材が、多くいるはずもなかったのです。

介護保険制度が始まってから急激に職員数が増えたことも、状況を複雑にしていました。介護職の知識や経験はあっても事務処理能力は極端に低い職員か、ある程度の事務処理能力がありリーダーの資質があっても、資格も知識も経験もない職員か、そのどちらかしかいなかったのです。

当初は、リーダーがいないのなら現場で育てればよいと気負っていましたが、無理にリーダーをおいてもうまくはいきませんでした。

経験が豊富で人柄も温厚でも、知識や事務処理能力、そしてリーダーシップに欠ける職員をリーダーに配置した場合、部下の手前、知らないことを知らないと言えず、必要な業務命令も出せずに常に仕事が滞っていく状態に陥り、文句を言わずにがんばる部下に負担がかかっていきました。

その逆に、事務処理能力もリーダーシップもあるが、若く経験が足りず、自分の知識欲や評価欲が優先しがちな職員をリーダーに配置した場合、自分の力量で成果を出したい思いが強い分、必要以上に職員に完璧を求め、優秀な部下ほど評価がもらえず疲弊していました。

そうするうちに、私はなぜ適材適所をめざさなければならないのか、めざす必要はないのではないか、と思いはじめたのです。そして、思い切って開き直ってしまうと、小さい組織だということがむしろ強みになることに気づきました。

リーダーシップがとれないリーダーなら時折喝《かつ》をいれ、チームの雰囲気が悪くなれば、小言を並べてリーダーの自重を促せばいいだけのことです。そして、リーダーの力量不足等で事態が深刻になる前に、適切な時期の配置転換を考えればいいだけのことだとも思いました。そうするうちに、強いリーダー（私）に対しては、それぞれが力量不足を指摘され続けたところを補い合い助け合わなければならないという気風が職場の中に生まれてきたようです。適材適所とはいかない小さな組織だからこそ逆によかったのかもしれません。

自前の組織編制

自らの社協は大企業ではなく零細企業なのだという考え方に転換してからは、組織編制のあり方についても気楽に考えられるようになりました。全国社会福祉協議会などが示すモデル的な市町村社協組織のあり方を念頭には置いても、無理に合わせようとはしなくなりました。来年度事業計画の具体的な中身を担当する職員の力量もわかる程度の小さな社協だからこその利点を最大限に活かしています。

せっかくの新規事業には多くの職員をかかわらせて経験を積ませるというねらいから、兼務も含めて職員配置を手厚くしたり、他部門は職員数が足りないぶん力量のある職員を配置して支えてもらったりといった、毎年度の事情に合わせた職員配置や組織編制がこうして可能になるのです。

人あってのサービス事業

市町村社協が取り組まなければならない地域の実態把握やニーズ把握、そして住民主体の活動への支援は、現場で動いている職員は、それを意識するかしないかにかかわらず、毎日の業務の中で当たり前のように行っています。実態把握調査やアンケート調査に現れないことも、現場の人間ならある程度はわかっています。案外、知らないのは事務所にいて地域の人の本音を知る機会の少ない相談担当職員や事務局職員かもしれません。

高齢者の場合、月に一～二回程度、顔を合わせるだけのケアマネジャーに対しては、よそ行きの顔で通すことがあります。また、イベントの主催者として華々しく現れる事務局職員に対しては、いい人を演じ続けることもできます。ですが、毎日のように自分の生活の場に入ってくるホームヘルパーに対しては、よそ行きの顔では通せなくなります。

また、デイサービス職員をホームヘルパー事業所に配置した場合、「○○さんが、本当はあんなふうに思っていたなんて……」とショックを受けます。「職員に文句を言えるほどのデイサービス利用者は滅多にいない」といつもくりかえしているのですが、「デイサービスだけが生きがいで楽しみ」と言っていた利用者が、自分の生活の場に帰った途端に「やれやれ、気配りの足りない職員ばかりで、気疲れする」ともらす姿に職員は驚くようです。頻繁に顔を合わせているデイサービス職員でもそうなのですから、相談業務担当職員の場合はなおさらのことでしょう。

その人の本音とか建前がどうという話ではありません。それを言うなら、どちらも本音と言うべきです。デイサービス職員への感謝の想いも本当なら、やれやれ気を遣って疲れたという思いも本当で、あるときは本気で感謝し、次の瞬間にはわずらわしいと感じるものなのです。

意識調査やアンケート調査に現れる数字を正しく解釈するためにも、ひいては事業計画に活かすためにも、日々の業務からの実態把握やニーズ把握をないがしろにしてはいけないと思うのです。

自分の業務を地域福祉推進業務として位置づけ直すこと

例えば、老人クラブ連合会や手をつなぐ育成会等の福祉団体育成支援担当の職員が自分の業務を地域福祉推進業務（ＣＳＷ業務）として見直すだけでよいのです。老人クラブへの参加率を上げるための会員の活動や友愛訪問活動等に対して、社協の専門職がかかわるとはどういうことなのでしょうか。老人クラブ活動に否定的で参加しない層や活動していたが出て来られなくなった層は、孤立しがちな層かもしれません。老人クラブ会員が会員増強運動や友愛訪問活動の対象とする層に、社協あるいは地域包括支援センター等の専門職がかかわるべき対象者が浮かんできます。

実際、虚弱高齢者や孤立高齢者の個々の状況は、地域の老人クラブ会員同士の方が詳しいのです。ただし、心配な虚弱高齢者や孤立高齢者情報として出てくるのではなく、「近ごろ、老人クラブ活動をさぼってばかりだ」とか「親切に誘ってやっても知らん顔をする」という情報になるのです。それらをきちんと情報として対応できるかどうかは、社協職員の専門性の問題になるでしょう。

たすけあい資金貸付業務担当者が、単なる事務手続き業務として行うのか、それとも生活困窮問題の支援業務として、あるいは多重債務問題や家族間問題の早期発見窓口になり得ると対応するかによって、大きく違ってきます。

ですから、社協の日常業務を見直すことが必須です。日常業務をきちんと見直しさえすれば、調査等では把握がむずかしい困難事例や地域の切実なニーズが次第に把握できるのです。

第4章で改めて述べますが、藤里町社協では「報告・連絡・相談用紙」を活用して、介護保険事業所を含む各部門からの情報を集めて必要な対応をするシステムを採用しています。その結果、介護保険現場の職員が予想以上に多くの深刻な家族の問題、多重債務、ひきこもり、虐待などの問題を目にしていた状況が、このシステム上に浮かんできます。

また、日常業務がそのままニーズ把握の場になるという事例を体感することで、ニーズ把握に対する意識が格段に向上することもわかってきました。

地域の本音部分の福祉ニーズをリアルタイムで把握できる組織は、地域の中で強い発言権をもちます。そして、そのニーズに真摯に向き合っていけば、事業の種類や数が少ないことは問題にならず、地域が必要とする組織になります。そんなことが可能なのは市町村社会福祉協議会しかない、と私は思っているのです。

第3章

「藤里方式」の取り組み事例② 人材育成

第3章

「藤里方式」の取り組み事例② 人材育成

組織をつくっているのは人だという当たり前すぎることが、地域福祉実践の日常業務の中では、なぜか忘れ去られています。その基本を忘れなければ人材育成は案外やりがいのある業務になると、今なら思えます。

人材育成に関しては、系統立てた合理的な方法があったのでしょうが、私はその方法を知りませんでした。

ですから私は、上司と部下の関係はあくまでも仕事上の役割分担でしかないと、強く割り切っていました。人としての上下関係ではなく業務と割り切れば職員に対して手厳しくチェックできるし、人としての好き嫌いの要素は入れないと決めてしまえば、業務上必要な指示・指導は感情抜きにできるはず。そう、自分に言い聞かせていました。

本当に、不器用なやり方だったと、今は思います。

1　自らの役割を果たす土壌づくり

まずホームヘルパーの意識改革から

私が二〇〇二（平成十四）年に事務局長職に就いて、まず着手したのがヘルパー事業所の勉強会です。当時の管理者から、事業所の改善ができない理由は登録ヘルパーたちの「意欲の低さ」だと報告されていました。早朝や夕方の時間外の業務をいやがり、ケース記録を自分で書かず、時間外の勉強会に出席することのない状態だが、それでも指導の成果は少しずつ出てきている、という主張でした。そして、ヘルパー事業所のパソコンへの日報入力や請求業務を事務局長職の私が代わりに行っている状況が三年余も続いていることに関しては、管理者も勉強中なので、管理者自身が覚えてからきちんと指導する予定である、ということでした。

しかし、それを待つ余裕はなく、自分で直接改善の指揮をとったのですが、とたんに状況は一夜にして変わりました。自分でも魔法を見ている思いでした。

私がそれまで管理者を通じて提案してきたのは、今までどおりに好きな時間の仕事を選べる登録ヘルパーか、契約を交わして時給が上がり保証も増すぶん、各種の制約を受けるパートヘルパーか、のどちらかを選んでください、というものでした。日報を書きパソコン入力するパートヘルパーの事務時間が加算され人件費が増えますが、私にはそのことより、パートヘルパーが社協の事務室で社協職員として入力業務を行うことの方が大切だと思ったのです。

しかし、管理者を通じての説明では、だれもが現状維持を望んでいるということでした。そのため、私は「今まで登録ヘルパーとして仕事をしても、社協の職員だと言っていいのかどうか、社協の事務所に出入りしてもいいのかどうかさえ、わからずにいたのではないですか？ 各人に机一つは無理でも、それぞれに専用の引き出し一つは事務所に確保しますから、社協職員だと胸を張って事務所に出入りしてほしいのです」と、直接伝えました。

パソコン入力の習熟に関しては、三か月という期間限定でフォロー体制を組みました。このことについては第４章で詳しくふれます。

そして、夜間に開催するしかないヘルパー事業所の勉強会も、希望者がいれば私が講師を務めて開催するという提案をしました。

「介護保険事業のホームヘルパーが、利用者に介護保険の仕組みを聞かれて、説明できないのは、情けない気分になりませんか？　それ以上に、自分が所属している社協が何をしているのかを聞かれても答えられないのは、つらくありませんか？　地域の方たちは、あのヘルパーは正職員だ、パート職員だと見るわけではなく、同じ社協職員だと思っているのですからそうした質問も受けるでしょう。だから、社協について勉強をしてみませんか？」という提案です。

管理者からの報告では、意欲の低い人たちだからパート職員契約を希望する人はいないし、パソコン入力業務も断られている、はずだったのですが、私からの提案を受けて、登録ヘルパー七人全員がその日のうちに二つ返事でパート職員契約をしてくれました。無理をしなくてもいいと言っているのに、最高齢のホームヘルパーまでが目を輝かせて「私でもパソコンに触らせてもらえるのですか」と言い出し、後日に持ち越せる雰囲気ではなくなり、その夜からさっそく練習がはじまりました。三か月どころか二週間もしないうちに事務職員のフォローは必要なくなりました。焦りを感じたのか、三年以上もパソコンの前に座ることさえしなかった常勤ヘルパーが練習をはじめたことも成果でした。

学習のチャンスに飛びつく職員

勉強会も全員参加で、実は「たすけあい資金」のことが知りたかったとか、利用者から聞かれる「介護者の集い」とは何のことかなど、積極的な質問が次つぎに出てきました。その後もパートヘルパーの勢いはとどまることを知らず、介護福祉士資格は当たり前、ケアマネジャー資格や社会福祉士資格、精神保健福祉士資格等を取得する人も多くなり、常に社協に新しい風を送り込んでくれています。

ヘルパー事業所の改善は、私が一職員の時代にも何度か上司に提案していたのですが、「ヘルパー事業所の管理者等が問題なしとしているのだから、余計な口をはさむな」と却下されていました。職場の雰囲気を和ませてくれる柔和な上司が求められる職場も確かにあります。行政のような組織機構がしっかりしている職場なら、強いリーダーシップをもつ上司は不必要な場合のほうが多いかもしれません。個々の職場の合理化や改善に意欲を燃やす上司は、むしろ不必要かもしれません。大企業でも、中小企業でもワンマン経営者がいる場合は、余計なことはしない中間管理職のほうが喜ばれるかもしれません。

ですが、社会福祉法人は少し事情が異なります。行政機構の場合は制度や法律の関係上、それぞれの部門がそれぞれの上部機関等からチェックが入る体制になっています。大企業も、どの部門にどんな改善策が必要かを判断するかが死活問題ですからこれを放置しているはずもなく、中小企業でさえ、経営者が絶対的な権限をもって自社の経営を考えているのです。

社会福祉法人の場合は、行政に準じるとよくいわれますが、仕組みは行政的でも行政ではない民間組織です。また、法律や制度の関係でそれぞれの部門が専門特化しやすく、一体経営がむずかしい組織で、誰もが責任があるようで、実はない組織になりがちです。ですから現場の中間管理職が声を出さなければ、誰も見てくれないし聞いてもくれない組織だと私は思っています。中間管理職が、立場の弱い登録ヘルパーやパートヘルパーを代弁して声を出さなければ誰も気にしてくれない組織なのだ、というのが職員時代の私の主張でした。

中間管理職の重要性

藤里町社協だけの事情ではないと思います。そして、それができる中間管理職はなかなかいないし、そこまでを求めるのもどうかと思います。ですから、組織のなかの責任ある管理部門の誰か一人は、経営に関心をもたなければならないのです。現場の中間管理職ができない（自分の力量の範囲内ではできない）と判断するのではなく、組織として判断しなければならないと、申しあげているのです。

では、ヘルパー事業所の管理者は、ホームヘルパーとしての知識も経験も豊富で職員からの人望も厚く、そのうえに、経営手腕ももてと指示するべきなのか、経営手腕がないことで管理者失格と見なすべきなのか、何度もくりかえしているように行政でも大企業でもなく、藤里町社協は田舎の零細企業なのです。

できないこと、知らないことを責めるつもりはありません。できないから助け合い、知らないから学ばなければならないのです。そのためにはまず、自分ができていないことや知らないことをストレートに出せるようになってほしいと願っています。「そのままで大丈夫」のメッセージを出し続け、そんな職場づくり、風土づくりに力を注ぎ続けてきたつもりです。ただし、「あなたは実力不足」という言葉が、本人を責めているのではなく、むしろ前向きな自分の役割を果たすために必要な認識だと職員に理解してもらうまでには、かなり時間がかかったと申しあげておきます。

資質や能力にあふれた人ならともかく、知らないことを知らないと言えなければ先にはすすめません。すぐに対応して次つぎと実力を蓄えていくスーパーマンが無理ならば、周囲に助けてもらいながらすすむしかないのです。小さな社協の管理職の仕事とは、知らないことを知らないと言える環境を整え、できていない個人を放置せずに支援態勢を整えることかもしれないと思います。

2　育成支援か育成指導か

さて、私は事務局長職についた当初は、事務局長の役割は働く場づくりや環境づくりが主業務で、組織が求めていることを明確に示せば、職員は勝手にそれに向けて育っていくもので、必要なのは間接的支援であって直接的な指導ではないと思っていました。

中間管理職等の育成支援には、指導ではなく支援をするのだと、最初から気合を入れていたつもりです。そもそも、適材でなくとも適所でなくとも、管理部門へ配置したのですからフォローするつもりでした。ですが、そんな甘い話ではありませんでした。

私にとって中間管理職等の育成指導は、つらく苦しい業務になりました。精いっぱいに仕事ができるフリをしている職員を相手に、あるいはできているつもりの職員を相手に、でき得ていない現状を正しく認識させることからはじめたのです。でき得ていない部分を本人に自覚してもらわないかぎり、支援も助言も届かないのです。

ほかに方法があるのかもしれないと思いながら、未だにそれ以外の方法を見つけられずにいます。私にとってつらく苦しい業務だったと言っても、指導を受ける本人のつらさ苦しさに比べたら、比較にはならないのでしょう。「上司であることと職場の先輩であることは、全く違います。自分がやりたいことをやってもらうために給料を払っているのではありません。組織のなかで働いていることを忘れないでください」と、そんな常識を改めて訓示しなければならないとは思ってもいませんでした。

育成の責務のない後輩への指導は「先輩風」でしかない

組織のなかで、先輩の立場と上司の立場は全く違うことが、よくわかってもらえないのです。先輩が後輩の指導にあたることと、上司が職員の育成にあたることは、まるで違います。育成の責務のない先輩としての指導は、ＰＤＣＡサイクルの指導ではなく、ＳＤＣＡサイクル（スタンダード・ドゥ・チェック・アクション）の、職場のＳ（スタンダード）

部分を教えることだけと考えます。ですから、組織が業務と認めるのは、上司から後輩の指導を指示された部分だけです。

自発的な指導を個人の善意と考える人もいるでしょうが、私は、上司の命令ではない後輩への指導は、先輩風を吹かせているだけ、と判断します。そして、組織運営上問題が多すぎるので、私は先輩風を吹かせることを禁じています。

そして、上司が職員の育成に当たる場合には責任が発生します。その責務を担える者かどうか、藤里町社協のなかで中間管理職の責務を果たせる者かどうかの判断基準を、私は「自分の評価を上げることより部下の育成が大切だと認識できるかどうか」においています。責務を果たせる者か否かに重きをおき、企画力があるかどうかや仕事ができるかどうか、有能か否かでさえ、重要視しません。

そこで、日常業務を停滞させないために、それぞれの部門にそのときどきに必要な連絡係としての部門リーダーをおき、中間管理職の責務をもたない部門長職はあくまでも職務名であって役職名ではないと位置づけました。人材育成の責務を果たす覚悟がなく、指導育成の違いを自覚できないままでは現場が混乱するので、中間管理職の責務を果たせる者を育てようと、部門長職を中心に勉強会に力を入れていきました。

そして、私が職員に向けて言っていた「社協職員として地域福祉の実践者の自覚をもて」の「実践者」の解釈が、私と職員とでは違っていたのではないか、と気づいたのです。ですから、私が今、藤里町社協が試行錯誤で取り組んできた実践を発信することが、現場の役に立てるのではないかと思っています。市町村社協自体は地域福祉推進役という組織ですが、私は、その組織に従事した者がそのまま地域福祉推進役とは考えていません。社協という組織が機能するようにがんばるのが私たち地域福祉実践者の仕事だと自負しています。そこが、私と職員との埋まらない溝だったのです。

中間管理職の育成・位置づけの確立は普遍的な課題

中間管理職の育成がすすまず、当初は、職員個々の問題、性格とか資質の問題と思って個々に向けて対応していました。そのうちに、藤里町社協全体の問題と考えるようになり、それでもどうにか対応しなければと思っていました。そして、遅ればせながらこれは藤里町社協に限った問題ではなく、全国の地域福祉実践の現場で日常的に起きている問題ではないかと思いはじめたのです。

社会福祉のどのテキストにも、地域福祉の推進役は住民であると書いてあり、給料をいただいて働く私たちは地域の方がたの手伝い役と思っています。それは、地域福祉現場で働く者の常識だと思っていました。

しかし、市町村社協に入職して働き出したとたんに自分自身が実践者になったなどと、どうしたら間違えて思い込むことができるのか。地域福祉実践の研修を受けたとたんに自分が地域を導ける者になったと、本気で職務として崇高な役割を果たさなければならないなどと思い込んでいたとしたら……。さらには、上司になったとたんに自分が職員を導ける者になったと、また、職員より優れた者に、さらに導ける者にならなければならない、と思い込んでいたとしたら……。私は、そんな勘違いがあり得ると思いはじめたのです。

私が思い込んでいた常識と、地域福祉現場の福祉職が思い込んでいる常識とは違うものなのかもしれません。私が申しあげている地域福祉現場の実践者とは、決して地域住民を先導する者でも指導する者でもありません。地域福祉現場の実践者とは、地域福祉推進の役割を与えられた社協等の組織のなかで、組織が目的に沿って機能するように働く者のことです。個人として地域福祉の先導役を務めたいなら、業務とは離れて、できれば仕事を辞めてからはじめてほしいと願うのみです。なぜならば、よほどの人物でなければ、地域の方がたが一個人を自分たちの暮らしを支える地域福祉の先導役と認めるとは思えないからです。

3　自覚をもって働くということ

○□担当である前に「社協マン」であれ

藤里町社協という組織のなかで仕事をしている者同士が、どの部門に所属しようと身分が何だろうと同じ組織で同じ目的で働いていることを認識してもらおうと、デイサービス事業職員である前に、ホームヘルパーである前に、社協職員であれ、と事務局長就任当初、私は全職員に向けて語りました。社協の本来事業であるべき「小地域ネットワーク活動事業」に全職員が組織として取り組むことを改めて宣言したものです。どの部門にあっても、どの身分であっても、地域福祉の原点である地域のニーズを把握する姿勢をもってほしいのです。日常業務のなかで常に社協マンとしてのアンテナを張り、地域の福祉ニーズに敏感になってほしいのです。

こうしたスピーチや宣言は職員に不評でした。むずかしすぎるのだそうです。アンテナを張れと言われても、地域の福祉ニーズに敏感になれと言われても、何をすればいいのかわからないので、具体的にあれこれと指示してくれないと困る、のだそうです。

どうすれば職員に伝わるのか、最終的には「報告・連絡・相談用紙」の活用に落ち着きました。「何を書けばいいのですか」と言うケアマネジャーやホームヘルパーには、作業日報に三行以上書きたいと思うことがあったら、何らかの重要なことがあるはずだから、また、ケース記録に記載する対象とは思われないことでも利用者本人や家族等について気になることがあるのなら、そのことを書いてください、とお願いしました。「誰が書けばいいのですか」と言うデイサービス事業所には、例えばBさんが転倒したときは、かかわった人すべてに書いてほしい。朝の迎えのとき、いつもより足の運びが悪いと気づいた人、食欲がないと見ていた人など、Bさんの転倒までにかかわった多くの人の視点が記載されることで状況がよりわかりやすくなり、改善点が見つけられるようになるのです、と説明しました。

「報告・連絡・相談用紙」で情報共有とニーズへの自覚を高める

私は「報告・連絡・相談用紙」にはすべて目を通して、可能な限り返信しました。例えば、デイサービス利用者の送迎時、利用者も介護者も不在だったことに腹を立てているらしい介護職員の「新聞も取り込まれておらず、留守にするなら連絡をくだされば……」の記述には、「あなたの気づきのおかげで急病の介護者への早期対応ができました。ありがとう」と記し、ケアマネジャーの「雨漏りが心配らしく、ホームヘルパー派遣を増やす提案をしても聞いてもらえず……」の記述には、「あなたの情報のおかげで、しかるべき担当につないで屋根の修繕費補助対応ができて喜ばれました。ありがとう」と返信します。

こうしたやりとりのくりかえしの中で、地域福祉のニーズに敏感になるとはどういうことなのかが、少しずつ職員の身に付いてきたようです。具体的な「報告・連絡・相談用紙」の事例をもとに、業務のなかでアンテナを張るということや、地域の福祉ニーズに敏感になるということは、決してむずかしいことではないと実感できたようでした。どの部門でも、どの身分でも、社協マンなのだという自覚は自然体で身に付いたようです。

次はデイサービスの運営改善に取り組む

さて、介護保険制度施行以降、自立の方のデイサービスから要介護者のためのデイサービス事業所に変わったので、次つぎと重度の要介護者が増えることに戸惑い、現場の負担感が大きくなっていました。デイサービス事業所職員の言い分は、我われが大変な仕事を押し付けられているのに事務局職員は楽をしている、管理部門が現場の大変さを理解していないから無理難題を押し付けてくる、というものでした。

デイサービス事業所の管理者は介護職員の反発を恐れて、介護の手間のかかる新規利用者の受け入れに難色を示しました。介護職員がいやがるから新規利用者の受け入れはできないというのが管理者の言い分でしたが、それは違うと私は思っていました。私の目には介護職員たちが介護の手間のかかる利用者は大変だから受け入れたくない、自分たちが楽をしたいから、怠けたいから受け入れたくないとは見えませんでした。では、一体何が原因なのでしょうか。

私は、新規利用者の状況が現場の看護師や介護職員にうまく伝わっていないのが受け入れを躊躇している原因ではないかと考え、ていねいに説明することから取り組みはじめました。

例えば、寝たきりで経管栄養のC子さん（八三歳）は、脳血管性疾患で寝たきり状態になってから三年、六十代の息子夫婦が親身な在宅介護を続けてきましたが、息子夫婦の介護疲れは深刻な状態です。特に、風呂好きのC子さんの毎日の入浴介助は負担が大きく、主介護者のお嫁さんは何度も腰を傷めています。長男が入浴介助を代わろうとしましたが、息子に入浴介助されることにC子さんが抵抗を感じ、それなら風呂は我慢すると言うので、結局お嫁さんが無理をおして介助しています。

何度か他の機関にショートステイやデイサービス利用の相談をしたそうですが、経管栄養を理由に断られたそうです。腰痛で入浴介助がつらいが「無理ですよね。家族でさえ大変なのに、こんな手間のかかる人の面倒をみてくれる所なんて、ありませんよね」と言うお嫁さんに、少しだけ時間がほしいと待ってもらっている状態でした。

腰痛をおしてがんばっているお嫁さんからのデイサービス利用申込みに対して、介護浴槽の設備があり職員もそろっているにもかかわらず、「当方のデイサービスで受け入れは無理です」と言うことは私にはできませんでした。そこで、「断る前に何が無理なのか、なぜ受け入れが不可能なのか、話し合ってもらえませんか。C子さんのお嫁さんにきちんと説明したいのです」と現場に問いかけました。かかりつけ医からは、体力的には問題ないが、長風呂は避けるようにという指示をもらっていました。

きちんと情報を共有することで変わる職員の意識

「経管栄養の人でも入浴させてもいいの？」とは介護職員。

「デイサービスで経管栄養のカテーテル管理をしなければならないってこと？」とは看護師。

「いいえ、朝夕二回の経管栄養なのでそれは家族が責任をもって行うそうで、デイサービスの利用時間帯にはカテーテル管理は不要だそうです」という私。

「でも、カテーテルが外れたときは？交換はデイが責任をもつの？」と再び看護師。

「いいえ、訪問看護ステーションがカテーテルの状態を確認していて、二十四時間サポートがあるので交換も訪問看護師が行います。ただ、かかりつけ医は、デイサービスの看護師でも十分に対応できると言っていました。不安なら、指導もしてくれるそうです」と付け加える私。

そんな具合に次つぎと具体的な質問が飛び出し、いつの間にか受け入れるかどうかの話ではなく、受け入れるためにどうすればいいかの話になっていました。

この事例に限った話ではなく、事情さえわかれば、また、対応準備や支援体制に納得できれば、デイサービス事業所職員が受け入れを拒否することはなかったのです。最終的にはどうやって受け入れるかの話になったのですから、現場の職員は、さまざまな不平不満があったとしても、基本的に利用者や地域の方の役に立とうとしてがんばっているのです。

現場は、介護の手間のかかる新規の利用者を、歓迎しないかもしれません。介護技術に自信がもてなければ、困ることでしょう。何か問題を起こしたときの不安を考えれば、安易に引き受ける管理者を責めるかもしれません。しかし、管理者（あるいは相談員）として「介護職員がいやがるから介護の手間のかかる新規利用者の受け入れはできない」という選択肢はあり得ないのです。介護職員たちはなにやかやと言っていたとしても、ほとんどの場合、職務を放棄する気はないのです。

受け入れ拒否ではないとしたら何なのか？受け入れたくないのではなく受け入れ方がわからないのではないでしょうか。管理者（あるいは相談員）の理解不足や現場認識の甘さで、介護現場の職員の不平不満が募っているだけで、利用者の受け入れをいやがっていることとは違うのではないか、と考えてみました。

受け入れの技術に自信がないなら、くりかえし練習する機会を提供すればいいし、業務過多の状態なら職員の増員も含めた職場環境の整備をすればよいのでしょう。ですが、現場の不安や不満は、たいていの場合は情報不足からきていたように思えます。相談員自身が利用者の状況を把握できていなければ、あるいはその必要を感じていなければ、情報がないまま受け入れるしかない介護の現場は不安ばかりが募るでしょう。ケアマネジャーから紹介されたから受け入れるしかない、そんな管理者からの説明では不満ばかりが募るのです。

職員全員がソーシャルワーカーの基本姿勢を身につけるために

このようにして事務局長に就任後、職員の意識改革に取り組み、現場は徐々に変わっていきました。そこで、さらに私の「ソーシャルワーカーの育成がそのまま中間管理職の育成になる」という仮説を実行に移しました。

それは、ただひたすらに「バイステックの七原則*」を身につけ、「自己覚知」を促す反復指導です。対象は、社会福祉士資格かケアマネジャー資格をもち、一年以上の相談援助業務経験をもつ職員です。ある程度の基礎知識と経験がなければ、理解しにくい内容です。実際に、研修を終えたとき、相談援助業務経験の長いベテラン職員はできていたつもりができていなかったと青ざめて意気消沈し、経験の浅い職員は元気満々で「勉強になったけれど、でも、当たり前の話だったよね」と不思議そうです。その職員も、三年後に同じ研修を受けると青ざめて、自分はできていると自信満々だった三年前を思い出し、穴があったら入りたい、そんな気分になってくるようです。

私にとって、つらく苦しい業務になってしまった中間管理職等の育成指導。仕事ができるふりをしている職員を相手に、あるいはできているつもりの職員を相手に、できていない現状を正しく認識させることからはじめなければならなかったことは、先にも述べました。実際、できていない部分を本人が自覚しない限り、支援も助言も届かないのです。本人が隠しているつもりの中間管理職としての不十分さを指摘するのは至難の業ですが、ソーシャルワーカーとしての視点や態度をきちんと確立する指導なら、社協職員としての、また中間管理職としての基本姿勢は同じなのでできるだろうと考えたのです。

今になって考えれば、職務としての不十分さを指摘されるのと、ソーシャルワーカーとしての基本姿勢ができていないと指摘されるのではどちらがつらいのか、よくわかりません。それでも、かなりマニアックでハードな指導に「局長（当時）の話は今はわからなくても三年後にはわかる」を合言葉にしてついてきてくれた職員に感謝したいと思います。

＊バイステックの七原則
アメリカのソーシャルワーカーで社会福祉学者のフェリックス・P・バイステックが一九五七年に著書『ケースワークの原則』で示したクライエントとの信頼関係・専門的な援助関係を構築するためのワーカーの倫理と行動の原則。①個別化、②意図的な感情表出、③統制された情緒的関与、④受容、⑤非審判的態度、⑥利用者の自己決定、⑦秘密保持、の七つからなる。

4　組織は「個」を縛るものでない

藤里町社協という組織が守るべき基本である「実態把握」「ニーズ把握」「住民参加」にこだわり、組織として動くことにこだわる、この基本を徹底することを前提としていますが、それ以外は相当自由です。手抜きはさせませんが、「できることしかできない」という割り切った考え方ですから、かなり大雑把です。できることを手抜きせずにがんばればそれでいい、と思っています。ですから、無理なら別の方法を考えればいいと新しい事業を気軽にはじめてしまうし、みんなで一緒に取り組めば、楽しんでいるうちに期待以上のいい結果が出ることが多くありました。

さて、ふだん職員と話していると、上司と職員との関係を教師と生徒との関係に勘違いしているのではないかと思うことがあります。教師と生徒は、教える者と教わる者という絶対的な立場の違いがあります。ですから教師は、より多くの知識をより深く学ばせたいと、反抗的な生徒や学ぶ意欲のない生徒を指導もするし、どれだけ学べたかの評価もします。しかし、上司と職員との関係は流動的で、あくまでも業務上の上下関係であって教える者と教わる者との関係ではないことがわかっていない職員が多いのかもしれません。上司と部下であっても、組織のなかで仕事をする者同士だということや、何よりも組織の存在意義（目的）が優先されることが、忘れられている気がします。

ともすると、教師の延長線上に上司がいるという勘違いが日本ではまかり通ってきたのかもしれません。職務上必要な上下関係とは思わず、職務遂行のための業務命令とも思わず、上司は教師的立場で職員を従わせる勘違いがあり、職員は上司に気に入られることが第一義になることにつながっているようです。

『菊と刀』から考えること

そんな物思いは、昔に読んだ本の影響かもしれません。ルース・ベネディクトの『菊と刀』(原著は一九四六年刊)という本の、アメリカ人から見た第二次世界大戦における日本兵の不可解さがとても印象的でした。日本兵は戦いの場では国への無謀で妄信的な忠誠心をもつように見えたが、捕虜になって口を割りはじめた途端に重要機密までも自らすんで話しはじめる姿を見れば、プライドも愛国心もない国民にしか見えません。そこには、愛国心のある米兵なら捕虜になっても、自国軍が決定的に不利になる情報を自ら提供することはあり得ない、という前提があるのです。戦いの中で捕虜になることはあり得る前提で、敵国に流れては困る情報は守り通せと教え込まれたアメリカ兵には、すべてを語りはじめる日本兵の姿は考えられない行動だったようです。

しかしながら、プライドや愛国心が日本兵になかったはずがありません。ただ、捕虜になるくらいなら死ねと言われていた日本兵は、生きたまま捕虜になることへの想定がなく、捕虜になったことで帰る国を失ったと感じたのか、そして、捕らわれたことがそのまま米軍に隷属する立場に変わったと思い込んだのかもしれません。戦いの中では捕虜になることもあり得るという前提も、捕虜になって生きなければならない想定もなかったとすれば、わからなくもありません。

日本を守るための日本兵が、上官の命令で自決してみせる日本兵が、他国に捕らわれた途端に決定的に日本に不利になる情報までを自らが語りはじめる、まるで新しいアメリカ軍という勝者の上官命令に従うかのようです。日本兵にとって国を守ることとは単に上官命令に従うことだったのでしょうか。

同じように、職員にとって地域福祉推進のための社協で働くことは、上司の命令に従って業務をこなすことなのでしょうか。上司が代わるたびに上司の意向に合わせて自分の主張も変える管理職候補者のそんな姿は、小さな組織で、やがて自分の部下になるだろう人たちも見ているし、地域の人たちも見ていると知るべきでしょう。本当に怖いのは、上司か、地域の人たちか、どちらの評価なのでしょう。

綺麗《きれい》ごとに聞こえるかもしれませんが、私は楽しい仕事がしたいのです。自分の業務は上司の意向に合わせて上司の評価を得るためにあるのではなく、地域福祉の推進という目的や地域の人のためにあるのだと覚悟さえ決めれば、それほどむずかしいことではないように思うのです。もちろん、組織としての決定に従うことが大前提ですが、組織としての決定のための意見具申をためらう必要はありません。

5　「個」は組織におもねるか

すでにふれたように、ソーシャルワークの基本姿勢を身につけることが中間管理職養成の近道だとの確信から、「バイステックの七原則」と「自己覚知」を身に付けるべくひたすら反復指導しましたが、成果は遅々として現われませんでした。やがて私は、自分の指導力不足や職員の理解力不足のせいではないと思いはじめ、弱者支援という福祉職の思い込みが基本姿勢をぐらつかせるのではないかと、かなり強引な仮説を立てました。

前述のパソコン入力業務に抵抗を続けたヘルパー事業所の常勤ヘルパーは、本当にできない、できるはずがないと思い込んでいたのです。三年以上も業務過多のケアマネジャーに日報の入力をさせ続け、それが上司に知られるたびに（三か月に一回程度）叱責を受け続け、その都度苦しい言い訳を続けていました。それでもパソコンの前に座ろうともせず、触れようともしませんでした。

その後、ヘルパー事業所改革がはじまり、パートヘルパーがパソコン入力業務にチャレンジし、あわてて練習をはじめ、すぐにマスターしてしまったのです。だから、あの三年間は何だったのかと、思うのです。とにかくパソコンの前に座ってくれと懇願し、どんなに忙しくても付き添うし納得できるまで付き合おうと、むなしい呼びかけを続けた三年間でした。

できない、できるはずがないと思い込んでいる人を動かすのは、至難の業ですが、ヘルパー事業所のパソコン入力業務への長い試練があったからこそ、成功体験はとてつもなく大きい財産となりました。

「パソコン入力のときも絶対に無理だと思っていたでしょう。でも、なぜそんなふうに思い込んでいたのか、今ではそれ自体が不思議でしょう。今はできないとしか思えないだろうけれど、とにかくはじめてみてくれませんか。本当にできないときは、そのときに考えればいいのだから」と、そんな私のささやきに、とにもかくにも全員が不承不承でも指示どおりにはじめてくれたのです。

この話とは別に、何かをはじめようとしたときには、職員にとって改悪ではなく改善だとしても、必ず現場の激しい抵抗を受けることとはなぜなのか、考えてみたいのです。

必要な改善に対して職員がなぜ抵抗するのか、私のこれまでの経験によると抵抗の理由は反対だからではなく、意欲がないからでもありませんでした。単に、今までと違うやり方を想像できないから、これまでのやり方以外にできるはずがないからと思い込んでいたからなのです。「今までどおり」にしがみついていたいという、ほとんど意味のない抵抗でした。

新しいことへの拒否は脳の抵抗？

先日、脳医学者の本を読んで、なるほどと思いました。人間の脳にさまざまな刺激を与えてどんな反応が起こるのかという内容なのですが、それにより不可解だった職員の反応が妙に納得できたのです。未知の場所や未知の物に対して、人間の脳は恐怖に近い拒否反応を示すということで、これは太古の時代からの生存本能のようです。少し驚いたのが、かつての同級生の成功の映像を見たときの脳の反応は不快感だったということです。このような脳の反応は、人間が生き抜くための生存本能や競争心に関係していると解釈されていました。

そう考えると、新企画への挑戦に尻込みする職員の反応も、少しわかる気がします。さらに、脳が不快感を示すところの「他人の幸せ」のために、職務とはいえがんばっているのですから、ほめるべきところかもしれないと、少しばかり寛容な気持ちになっています。

話が逸れましたが、新しい挑戦に対する職員の激しい抵抗と、できるはずがないという思い込みへの対応策は、ひたすら成功経験を積み重ねることに委ねるしかないようです。「絶対に無理」「できるはずがない」という思いが、いい意味で覆されたとき、そんな体験が次の挑戦を可能にするでしょう。そして、ほんの少しの成功体験が積み重なるほどに無意味な抵抗感は薄れて、踏み出す怖さや失敗の怖さではなく、必要な事業か否かを判断基準に考えはじめることでしょう。

第4章 「藤里方式」の実践的人材育成

第4章

「藤里方式」の実践的人材育成

いよいよ、「藤里方式」の核となる現場の創意と工夫による実践的人材育成の章に入ります。

職員の意識改革は通常、その必要性やめざす形を示したうえで、実践現場での育成指導の実施となります。前章で、その育成指導のすべてがうまくいったわけではないことを述べましたが、「藤里方式」の場合は必ず、育成指導等の実施には「現場の創意と工夫」がセットになっています。

そして、この「現場の創意と工夫」がセットになっているからこそ、不器用な育成指導でも、成果をだせたのだと理解してください。

1 パソコン相手に思い込みから抜け出すホームヘルパー

第3章でふれたホームヘルパーのパソコン操作に対する拒否を克服した作戦を、もう一度振り返ってみます。

事務所に入ることをためらっていたパートヘルパーへの配慮として、介護保険事業用のソフトを入れたパソコンをケアマネ事業所やデイサービス事業所と調整してヘルパー事業所専用で使える時間帯を決め、個々のパートヘルパー用引き出しやロッカー等も事前に用意しました。

そして、事務局の若手職員に介護保険事業用ソフトの使い方をマスターさせ、ローマ字入力用のキーボード表やら基本マニュアル図を用意して、三か月間は何よりもパートヘルパーのパソコン入力補助業務を優先させることを徹底しました。パート職員が事務局職員に向かって「わからないから教えて」と言い出せないことへの配慮や、初心者が感じるパソコン画面がいきなり変わることの恐怖やとまどいへの配慮を忘れずに、小声やつぶやきも聞き逃してはならないと徹底させたのです。

パソコンの前に座ったホームヘルパーが、「あっ」とか「うっ」と発したら、事務局職員は何をおいても馳《は》せ参じて「いかがなさいましたか。私でお役に立てますでしょうか」と申しあげるという、約束事までつくりました。

結果、習得には三か月どころか、二〜三週間もかかりませんでした。その数週間で、パートヘルパーには社協職員としての自覚が芽生え、常勤職員はパソコンは絶対にできないという思い込みから抜け出すことができたのです。利用者からの依頼に対して、昼休み時間だから、土日休日だからと断っていたホームヘルパーたちがその年の冬、正月の期間にホームヘルパーが必要なAさんとBさんについて、担当は誰にするかと自分たちで話し合いをはじめたのですから、驚くばかりの変化でした。この作戦がなかったら、パソコン操作になじめないまま挫折するホームヘルパーが続出して、自覚が生まれるどころではなかったと振り返っています。

2 不味《まず》い料理の試食会

担当制からチーム対応のスケジュール制に変更

福祉専門職は、利用者が喜んでくださることが仕事の大きな励みになります。利用者の生活に入り込んで行う業務であるとともに、直行直帰だったパートヘルパーは、社協の仕事をしているというより個人で仕事をしている意識が特に強いため、利用者からの評価が絶対と受け止めています。ましてや、業務分担はスケジュールの割り振りではなく、Ａ利用者にはＢヘルパーという担当制で、事業所の顧客ではなく自分の顧客という意識でした。

ですから、担当制からスケジュール制に変えたときのとまどいの大きさは想像できないかもしれません。

「担当制を続けるということは、一年三六五日、一日二十四時間、病気もせずケガもせず、自分一人で利用者のどんな要請にも対応するということです。そんなことは不可能ですから、チームで対応するし、チームで対応するためのスケジュール制にします」。

そう宣言してからは、数かずの抵抗がありました。利用者自身から「Ｂヘルパー以外の者をよこすならホームヘルパー派遣を断る」という苦情だったり、まわりまわって有力者からの「利用者の意向を無視したやり方は望ましくない」という苦言だったり……。

「利用者の急な要請やアクシデントに応えるためにも、一人の利用者に最低三人のホームヘルパーが入るチーム体制が望ましいと考えています。曜日を変更してほしいけれどＢヘルパーの都合がつかないなら要らないと言われたなら、そもそもホームヘルパー派遣の必要を感じてもらえなかった、プロの仕事と認めてもらえなかったと受け止めてください」。

そのようにしてチームによるスケジュール制への変更を強行したのですが、ホームヘルパーの切羽詰まった思いは、十分にわかっていましたし、本人たち以上によく見えていた気がします。だからこそ、このような変更・改善が必要だと思っていました。

利用者に三人のホームヘルパーが入れ替わりで入ることで起きる悲喜劇の一端を述べてみます。

これまでAさんに「ほかの人では駄目なの。あなただけが頼り」と言われ続け、個人として業務を超えてAさんに尽くしてきたBヘルパーは、「お休み?別にいいわよ。Cヘルパーさんもよくやってくれるし」とあっさり言われて、やや人間不信気味。Dさん宅に交替で入っている三人のヘルパーは、それぞれがほかのヘルパーの悪口を聞かされたうえに、「ちゃんとやってくれるのはあんただけ」と言われ、無理難題の要求も断るわけにはいかず……。

「利用者からの苦情は個人として受け止めずに、事業所に対する苦情として逐一の報告をお願いします」とくりかえす私の言葉などは、できるはずもない常識はずれの指示だと、軽く受け流されていました。とにかく、チームによるスケジュール制への移行に、利用者、ホームヘルパーともに混乱していました。

混乱を収拾するために試食会を開催

ケアマネジャー兼務の立場を利用して、事業所の質の向上のためにと利用者にホームヘルパーへの苦情や要望を聞いて回り、ヘルパーがつくる料理についてさまざまな評価を集めました。そこで、「不味《まず》い料理の試食会」のはじまりです。

この試食会は、ホームヘルパーの調理技術に関する要望を聞き出し、A利用者が不味いと思っているBヘルパーの料理、C利用者がピカイチだと思ったDヘルパーのつくったご馳走、等々を試食するヘルパーによる催しです。美味《おい》しいと言われた料理、不味いと言われた料理が並びました。

そして、私自身も想像していなかった驚愕の事実が判明しました。「あんな不味い料理は食べたことがない」と言われたBヘルパーの料理は、絶賛に値する本格イタリアンパスタで、どこが不味いのかとみんなで首をかしげました。

「ちゃんとしたスパゲティが食べたいというAさんのイメージは、もしかするとケチャップたっぷりのスパゲティのことだったかな」。

Cさん絶賛の料理がただの「おひたし」だったことは、つくった本人も含めて大笑いでした。それまで、食通を自称するCさんが気に入る料理をつくることができず、みんなで悩んでいたのです。

「考え過ぎていたか、こだわり過ぎていたのかも」。

個別化しつつ利用者の評価を相対化できた

以来、ほかのホームヘルパーの悪口を聞かされても、優越感や妙な同情心にとらわれることなく、普通に報告してくれるようになりました。

「Aさんが、あなたの味付けは薄いと怒っていたけれど、味噌はどの程度入れているの？ Dヘルパーの味付けが好みらしいけど」。

いつしかみんなで真剣に、Aさんに満足してもらえる味付けを相談し合うようになりました。

個人ではなく組織で受け止める風土づくりのための、ほんの少しの創意と工夫として実施した「不味い料理の試食会」を、単に面白いアイデアだからと実施しただけでは、ホームヘルパーから不興を買うだけかもしれません。逆に、個人ではなく組織で受け止めろ、と号令をかけるだけでは意識改革がなされるはずもありません。組織づくり、人づくりの明確なビジョン（独創的なビジョンである必要はありません）を示しつつ、現場の創意と工夫があるから、効果が出るのだと思っています。

3 「報告・連絡・相談用紙」の活用―準備編

講演依頼をいただいた際、「報告・連絡・相談用紙」の活用の事例がわかりやすいので、よく引用することがあります。ただの「報告・連絡・相談用紙」ですが、藤里町社協ではその活用に至るまで、かなりの試行錯誤と準備期間がありました。

あらためて小地域ネットワーク活動事業への取り組みを宣言

事務局長になりさまざまな意識改革を仕掛け取り組んできて、少しずつ変化がみえてきたところで、私が職員として採用された頃に取り組んだ小地域ネットワーク活動の要綱や図を引っ張り出してあらためて宣言をしました。

・ホームヘルパーである前に、デイサービス職員である前に、社協職員であれ。
・藤里町社協はこれより、全職員で小地域ネットワーク活動に取り組みます。

・全員が地域福祉推進役の社協職員の自覚をもち、地域の福祉ニーズに敏感になってください。
・単にホームヘルパー業務を行うのではなく、常にアンテナを張り、ホームヘルパー業務の中で利用者の困りごとを拾える社協職員になってください。
・デイサービス業務においても、地域の福祉ニーズを見逃さない社協職員をめざしてください。

この宣言は、機能する組織への転換として、行政職そのままの採用条件による職種の固定化やパート職員と正職員の壁の打破、事務局職員と介護保険事業所職員の格差の廃止なども視野に入れて行ったものです。

格差の是正のための第一歩で、すべての職員にチャンスと可能性を提供したつもりでいましたから、まさか最初の一歩で抵抗に遭うとは思ってもいませんでした。福祉ニーズに敏感になること、アンテナを張ることなどについて、職員がそれを意味不明の指示で、難解で不可能な業務と感じることが、私には不思議でした。

そもそも論の勉強会で職務に対する共通理解と知識が身に着き、作業日報やケース記録をパソコン入力できる基礎技術が身に付き、「不味い料理の試食会」等で個人ではなく組織として仕事をしている自覚や情報の共有の大切さが認識できたところで、やっとの思いの宣言でしたが、まだ準備不足は否めませんでした。

藤里町社協の全職員が取り組む事業として、小地域ネットワーク活動事業では古すぎると思いながら、ほかに核となる事業を思いつかない状態でした。核の部分が曖昧だから、何にアンテナを張ればいいのかわからないと職員に言われても、明快な答えを打ち出せなかったのです。

渡りに船の「地域福祉トータルケア推進事業構想」

そうしたとき、秋田県社協が二〇〇五（平成十七）年四月に「地域福祉トータルケア推進事業構想」を打ち出したときにようやく核となる事業を見つけたのです。まさにこれだと思いました。しかし、この事業でも重要になるのは福祉ニーズの把握機能です。この機能をうまく動かすツールとして全職員で共有できるニーズ把握用紙の開発が急がれ、研究者の方にも相談をもちかけていました。

最初のころは、業務の中で得た情報をチェック項目にチェックを入れるだけで気づきにつながる、ニーズ把握のための共通用紙が必要と考えていました。パート職員も含めてすべての職員が日々の作業日報もケース記録もきちんと記入し、パソコン入力作業も遅滞なく行われるようになり、欲を出した私は、さらに気づきのためのプラスアルファを要求していたのです。

それまで、デイサービス事業所には「ヒヤリハット用紙」への記入を、ヘルパー事業所には普通の「報告・連絡・相談用紙」への記入をお願いしていました。一年後、ホームヘルパーの意欲は見違えるほど向上していました。半面、デイサービス職員は私の顔色をうかがい、事業所内の雰囲気も停滞していました。

ホームヘルパーは自由に気ままに、さまざまな意見や苦情までも書き、それを読んだ私からの返答を心待ちにしている雰囲気がありました。反して、デイサービス事業所は大変でした。利用者が実際に転倒したときは事故報告書で、気づきのために事故に至らなかった状況は「ヒヤリハット用紙」に書くという取り決めが、気づきの報告というより事故報告書の延長というとらえ方になっていたようです。まずは誰が書くかでもめて、責任のなすり合いになり、押し付けられた職員が書くのですが、いつも内容は同じで「すみません。

図1 報告・連絡・相談用紙

上席事務局長	事務局長	包括ｾﾝﾀｰ	部門責任者	担当者

報告・連絡・相談　受付書

平成　年　月　日（　）		平成　年　月　日（　）	
記入者氏名	所属	記入者氏名	所属
	□デイ　□事務局 □ヘルパー　□包括 □ケアマネ　□ぶなっち □こみっと　□くまげら館		□デイ　□事務局 □ヘルパー　□包括 □ケアマネ　□ぶなっち □こみっと　□くまげら館
区分　□報　告　□連　絡　□相　談		対策・回答	

□苦情　□ヒヤリ・ハット　□相談　□その他

申し訳ありません。二度とないように気を付けます」というものでした。

ニーズ把握のチェック項目をつくらなくても、記述式で職員は十分に書けると判断したとき、ヒヤリハット用紙ではなく「報告・連絡・相談用紙」を採用しました。チェック項目様式が必要な状態なら、「報告・連絡・相談用紙」の採用はなかったのです。

職員が自分の言葉で記録する技術を身に付け、個人ではなく組織で仕事をする風土ができたから、記述式を選んだのです。

4 デイサービス事業所の十五分間ルール

デイサービス職員からいつも進言されていたのが人手不足解消の問題です。「現場にいる私たちの大変さがわかっていません！」と、怒られます。他事業所に比べて、かなり余裕のある人員配置のつもりでしたが、それだけで現場の大変さが緩和されるものでもないようです。動きまわる認知症の方が一人いると職員が付きっきりになって何もできなくなるから、職員が足りないと言います。

観察の結果、職員が付きっきりになって何もできなくなる現象とは、次のようなことでした。

付きっきりが必要な認知症のＡさんへの対応から

中等度の認知症のＡさんは、「家に帰る」と言って玄関から出ようとします。管理者は請求業務が忙しく、介護職員のチーフは通所プランの確認をしなければならず、常勤の介護職員に暇はなく、最終的にはパートの介護職員がＡさんに付きっきりになります。そのパート介護職員にしても洗濯や利用者の水分補給の日常業務があるのですから、付きっきりになったぶんだけ仕事が滞ります。

業務分掌のなかに、Ａさんに付きっきりで世話をするという業務はないのですから、誰かが自分の業務を犠牲にしなければならないのです。問題はそこだけではありません。

認知症の方に長時間付き添い続けることは、多くの業務を抱えた者には、精神的にきついものです。利用者や職員がいるデイサービス事業所のホールから離れて認知症の方と二人きりの状態が長くなってきても際限はなく、ホールに帰ろうと促してもダメ、みんなが食事をはじめたと誘ってもダメで、遅れている自分の業務が気になって焦るほどに利用者の機嫌は悪くなるという具合です。

どの職員にもそんな経験があり、付き添いをはじめたら最後、利用者の帰宅まで続くという思いがあります。ですから業務の多忙を理由に押し付け合いがはじまり、押し付ける相手のいない特定の職員に回るという仕組みができあがります。その職員が大変だと騒ぐのも道理で、実際に業務に支障をきたすので代わってやれる者はなく、解決策として新しい職員の補充が必要だ、ということになるのです。

十五分間ルールを提案

そこで試しに、認知症利用者対策としての「十五分間ルール」を提案しました。一人の職員が付き添う時間は十五分と決めて、決してその時間をオーバーしてはいけません。管理者、看護師、介護職員等すべての職員が担当で、タッチされれば十五分間は責任をもって付き添うことにしました。当面の間は、次の職員にタッチを頼めないパート職員等に配慮して、チーフ介護職員が担当を割振りします。

多くの仕事を抱える職員が、一人の利用者に無制限に付き添うことは負担が重くなります。すると、無理にホールに戻そうとして強引な誘導になりかねませんが、十五分という限られた時間内なら利用者の気持ちに添った介護もできます。多忙でも十五分限定なら、できると思いませんか。無理強いではじめた「十五分間ルール」でしたが、デイサービス職員の心理的負担はずいぶん軽減されたようで、職員が足りないという訴えが収まりました。

発案者の私も「十五分間ルール」の対象職員に組み込まれましたが、事務所の机の前に連れてこられた微笑む利用者との十五分はなかなか貴重な体験となりました。

5　ケアマネジャーにありがとう

藤里町社協は、事務局もケアマネジメント事業所もヘルパー事業所も地域包括支援センターも同じ事務所内にあります。デイサービス事業所は同じ建物内の別の部屋にあります。ですから、事業所間の連携はよくとれています。

ある年度、町内の要介護者数は増加傾向にあり、ヘルパー事業所もデイサービス事業所も忙しいと言っていながら、実は利用者が減り収入も減っていくという現象が起きていました。そこで、ある仮説のもとに提案したのが「ケアマネさんをヨイショしましょう月間」の取り組みです。

同じ社協職員だから、同じ建物の同じ事務所内で仕事をする仲間だから、ヘルパー事業所やデイサービス事業所の職員が忙しい忙しいと言うのを日頃から聞いていれば、それは大変そうだとケアマネジャーが同情したとしても不思議ではありません。そして、意識しないままに新規利用を勧めるべきところを手控えてしまうこともあり得る、というのが私の推測です。実際に、事務所内でケアマネジャーとヘルパー事業所の、あってはならないやり取りを耳にする機会も多かったのです。

「水曜日にホームヘルパーを頼みたいそうですけど、可能ですか?」と、ケアマネジャーに言われたホームヘルパーは、かなりいやそうな顔。

「えーっ、水曜日? まいったな、やっとスケジュール調整がついたところだったのに」

「ダメ?」

「ダメってことはないけれど……」

職員同士の無用な気遣いや甘えを排す

事業所として、ケアマネジャーに利用者を紹介していただいたら「ありがとうございます」のはずなのに、スケジュール表が完成したところだから新規利用者のためにスケジュールのやり直しが面倒だなどとは仲間意識から出た甘えとしか思えません。そしてケアマネジャーは、職場の仲間にいやな顔をされれば、利用者にホームヘルパー利用を勧めるべきところで二の足を踏んでしまうことになるでしょう。

そこで、「ケアマネさんをヨイショしましょう月間」の登場です。ヘルパー事業所職員もデイサービス事業所職員も多忙をきらうことで肝心の利用者、ひいては収入を減らしたくはないはずだから、多忙でも大変でも見栄を張ってみよう、という提案です。

ケアマネジャーは、職場の仲間ではなく利用者を紹介してくださる大切なお得意様と心得ましょう。爽やかな笑顔と挨拶を忘れずに、利用者を紹介してくださったときには、まず感謝の想いを伝えましょう。多忙でも大変でも、それは利用者を紹介してくださった方へのエチケットと心得ましょう。とにかく、「ケアマネさんをヨイショしましょう月間」の一か月間だけは照れずに大真面目になって取り組んで、どれだけ大変でも見栄を張り続けてくださいとお願いしました。

そんな指示に、最初は互いに照れていましたが、自分たちの仲間への「気遣いや甘え」が業務に影響していたかもしれないと気づくと同時に、互いにプロとして働いている者同士に「気遣いや甘え」は必要ないと思い至ってくれたようです。そんな気づきがほしかったわけで、すぐに収入増に結び付く策とは思っていなかったのですが、何か効果的な手段を考えだしてプラスしなければと思っているうちに、なぜか収入が大幅に伸びていました。それが「ケアマネさんをヨイショしましょう月間」の効果かどうかは定かではありませんが、職員の私を見る目が尊敬に変わったように思えます。

6 「報告・連絡・相談用紙」の活用―実践編

「地域福祉トータルケア推進事業」において最も重視したのが、前述した福祉ニーズ把握機能です。ニーズ把握のためのツールの一つとして「報告・連絡・相談用紙の活用」があります。トータルケアが構想するニーズ把握機能は多岐で多彩でした。

社協職員の日常業務におけるニーズ把握は、ホームヘルパー業務、デイサービス業務、ケアマネ業務、さらに、長年ネットワーク活動事業を担ってきた民生委員・児童委員や地区福祉員の日々の活動はもちろんのこと、社協がともに活動してきた老人クラブやボランティア団体等のさまざまな団体活動も含まれています。

ニーズ把握の構想も、社協の全職員が一致して取り組み、「報告・連絡・相談用紙」をフルに活用すれば、決して夢物語ではありません。当初描いていたのは、民生委員・児童委員や地区福祉員をはじめ、老人クラブ、地域の方がたに直接記述していただき、それに回答していくことでした。しかし、書くのは面倒だと言われ、聞き取った担当職員が記入する形式に変わりました。それでも、職員が基本を忘れなければ、地域の方がたが直接記入する以上に効果があるでしょうが、まだ十分な効果が出ているとは言い難い状況ではあります。

地域の声をどうやって拾い上げるのか、その声にどうやって応えるのかが、本来の「報告・連絡・相談用紙の活用」です。「活用」の場は、毎日の日常業務のなかにあるのですが、事務局や地域担当部門の業務は多岐にわたるため理解できないようでした。

老人クラブ連合会の新年会に出席しても、ボランティア団体連絡協議会と協働のふれあい弁当事業を実施しても、ひとり暮らし高齢者交流会を実施しても、復命書以外に「報告・連絡・相談用紙」に記入することを思い出せない職員が多かったのです。ＣＳＷが地域の多くの人たちと長時間ふれあいながら、記入すべきことがひとつもないことなどあり得ま

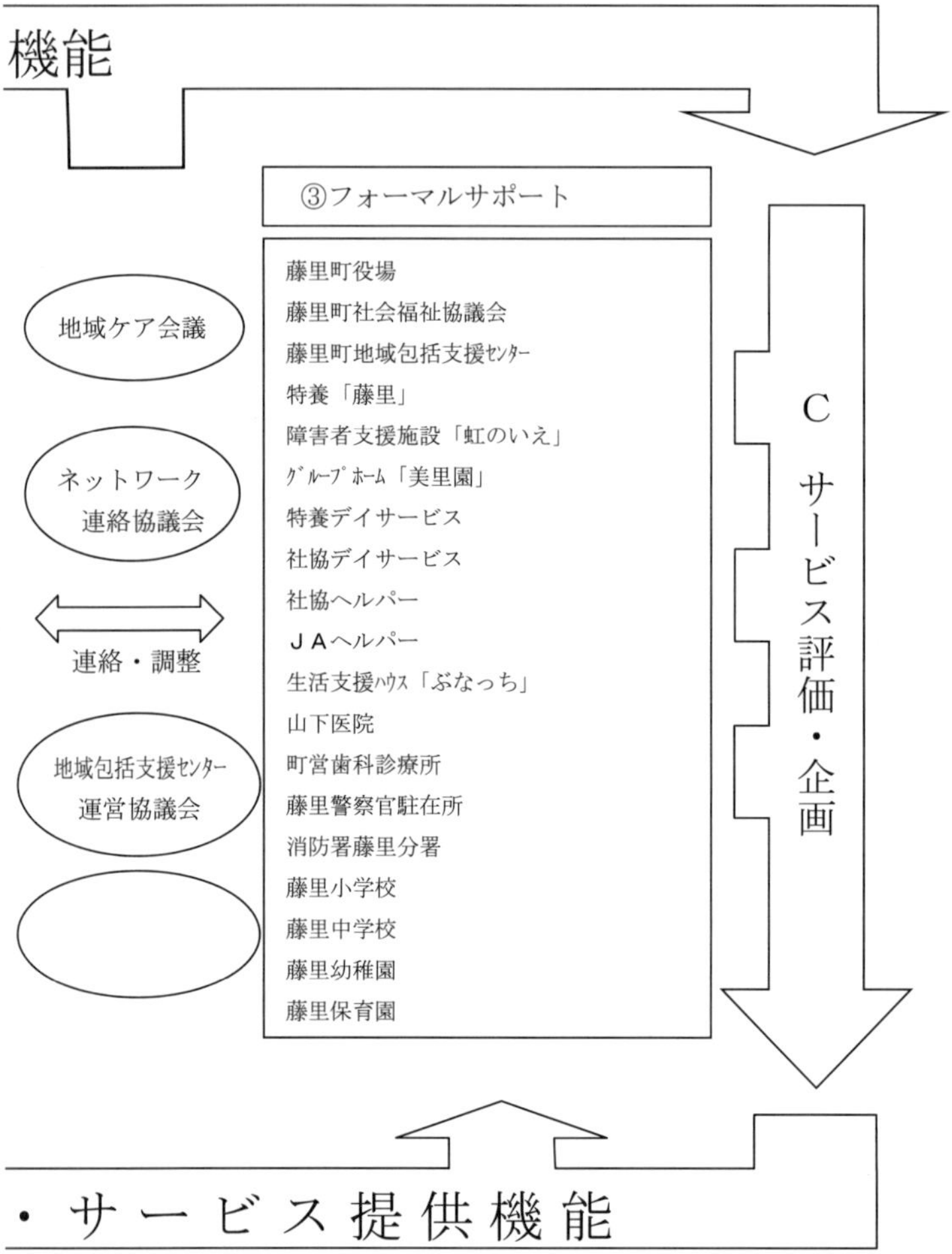
機能
③フォーマルサポート
藤里町役場
藤里町社会福祉協議会
藤里町地域包括支援ｾﾝﾀｰ
特養「藤里」
障害者支援施設「虹のいえ」
ｸﾞﾙｰﾌﾟﾎｰﾑ「美里園」
特養デイサービス
社協デイサービス
社協ヘルパー
ＪＡヘルパー
生活支援ﾊｳｽ「ぶなっち」
山下医院
町営歯科診療所
藤里警察官駐在所
消防署藤里分署
藤里小学校
藤里中学校
藤里幼稚園
藤里保育園
地域ケア会議
ネットワーク連絡協議会
連絡・調整
地域包括支援ｾﾝﾀｰ運営協議会
C サービス評価・企画
・サービス提供機能

図2　藤里町トータルケアフロー図

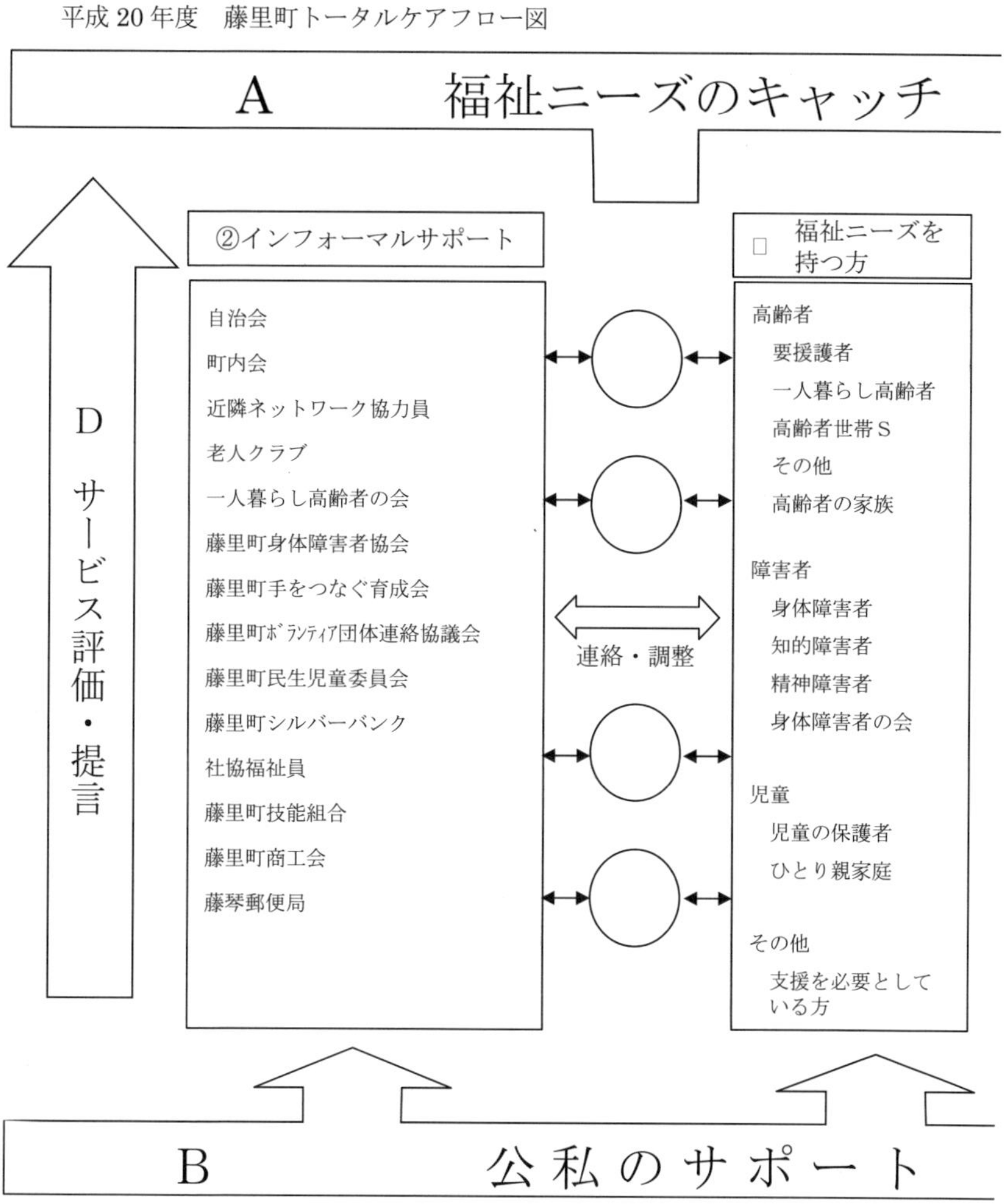

せん。何も見ようとせず、聞こうともせずにいたとしか思えません。ここにも「基本姿勢の揺らぎ」があるのです。

何のための業務、何のための事業なのかを自らの中に明確に定め、日常業務でのニーズ把握は客観的な数値を出す調査とは違う効果があることに早く気づいてほしいばかりでした。

本気の思いや姿勢は地域に伝わる

このように本来の構想にはほど遠いのですが、少しずつ動いていることは確かです。サービス向上のためには「苦情も買いたいです」宣言をしてからはじめた「報告・連絡・相談用紙」の活用です。意見を活用したくてもできないことや、要望にも応えられないことの方が多く、意見や情報を寄せてくださった地域の方には、数か月後にせっかくの情報を活かすことができませんでしたと、報告に伺うことの方が多いのです。ところが、できなかったことを怒るどころか、「あんなことを忘れていなかったんだ」「本気で今までがんばってくれていたんだ」と驚かれたり感謝されたりしています。いただいた情報を活かしたいという本気の思いや姿勢は、地域に伝わるようです。

表３　報告・連絡・相談受付件数の推移

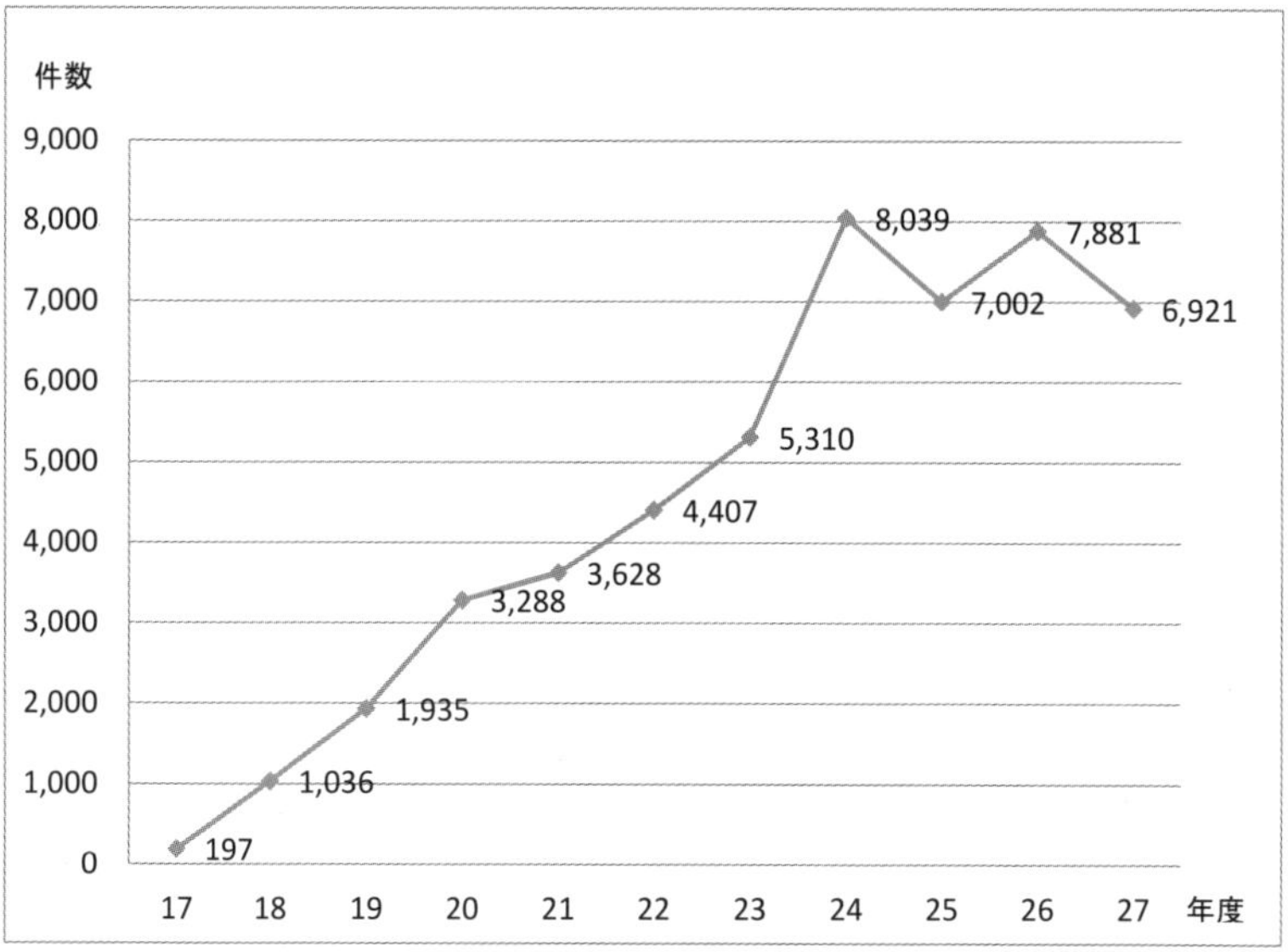

こうして報告・連絡・相談の受付件数は驚くほど増加していき平成二十七年度は約六九〇〇件でした。

トータルケアが構想するニーズ把握機能が実際に動き出したら、本当にすごいことだと思います。「報・連・相」の記入に留まることなく、それを活用することが重要ですが、まだ活用には遠い現状です。しかし、社協職員が地域の一人ひとりの声を聞こうとする姿勢、その声に応えようとする姿勢を示しただけで、地域の方がたの期待や信頼が高まったことは確かです。

7 サプライズ人事と全員参加の業務分掌

個々の職員が視野を広げ、地域福祉担当職員だけが地域福祉推進事業に携わっているという錯覚に陥らず、社協職員全体で地域福祉実践を行っていると実感するには、実際にさまざまな部門を体験してもらうことが効果的です。

総務担当からホームヘルパーに、デイサービスの介護員から地域福祉担当へ、などというサプライズ人事も、毎年度のこととなれば、当たり前の異動になるようです。異動に関しては、個人に対する評価ということ以上に、あくまでも社協内のさまざまな職種を体験して視野を広げ、スキルアップすることを目的に実施してきました。

職場に定着した手上げ方式の業務分掌

そして、サプライズ人事が当たり前と受け入れられた頃からはじまったのが藤里町社協独自の、それぞれの部門で決める手上げ方式の業務分掌です。これは、簡単に言えば自分がやりたい業務を自分で選択して専任するシステムです。

最初の頃は、すべての部門の業務分掌に私が強引に口を出していましたが、このシステムの導入後は口を出すことが少なくなっています。例えば、地域福祉を含む事務局部門の業務分掌は次のようです。

相談支援部門から事務局に異動になったA職員は、たすけあい資金と生活福祉資金を担当したいと手を上げます。介護の相談に乗っていても、根底にある経済的な問題が解決できなければ何の支援にもならないことが多く、この機会にたすけあい資金や生活福祉資金のことを覚えたいと言います。

一方、事務局三年目のB職員は慎重になっています。張り切って手を上げて、あれもやりたい、これも担当したいと欲張ったあげくが、中途半端に終わってしまった経験から、自分の力量を考慮して慎重にならざるを得ないのです。

経理事務が長いC職員は、経理事務だけで手一杯だが、それでも共同募金事務もやってみたいと手を上げます。共同募金の内容もわからないまま、募金の経理事務面の手伝いをしてきたが、やはり内容をきちんと把握したうえでやりたいとの思いがあったようです。

二年間、ひとり暮らし高齢者交流会事業を担当してきたD職員は、誰か担当を代わってくださいと言い出します。ひとり暮らしの方がたに楽しんでもらいたくて、張り切っていろいろと新企画に挑戦してきたけれど、ネタが切れてきて苦しいのです。本当はもう少し担当を続けたいのですが、マンネリを打破できそうもないので助けてください、と言います。このD職員に対しては、続けたい気持ちがあるなら続ければいいということで、マンネリを打破するために相談できる相手として、地域の人の顔と名前を早く覚えたいというA職員を副担当におくことで収まりました。

当初、事務局部門に限らず、自分でなければできないことを誇示して業務を特権のように囲い込む傾向が強かったのです。それはよい面もありますが、職員すべてで取り組まなければならない地域福祉推進には弊害も多かったのです。

自分の力量の限界を認識し、個人ではなく組織で動かなければならないと実感できる職員が増えることを願っています。自分の力量の限界を自ら認めて、職場仲間もそれを非難するのではなく、単なる事実と認めたときに初めて協働の素地ができるように思います。

8 創意と工夫の源となれ

『藤里方式が止まらない』を読んだ方から「哲学だと思った」という感想をいただき、意外すぎて、驚いてしばらく考え込んでしまいました。

振り返れば私は、父親の指導で幼いころから哲学書を読んでは内省《ないせい》のために「ヒトはどう生きるべきか」のレポートを毎日のように書き、それが普通の生活だと思い込んでいました。大人になるにつれ、自分がかなり偏った本の世界しか知らない人間だと分かり、哲学書の類とは縁を切ったつもりでいたのです。そんな昔を思い出して、ふと気づいたことがあります。

私の場合、業務で基本姿勢が揺らぐことはほとんどありません。まして、組織や事業の目的を忘れること自体があり得ないと思うし、日常業務は全て目的に向けて実施するのが当たり前と思っています。ですから、日々起こる職員の基本姿勢の揺らぎや、平気な顔で日常的に事業目的を無視する姿勢を、正直、驚きの思いで眺めていました。「どうしたら、そんな基本中の基本を間違えられる？」ですが、職員には逆に聞かれていました。「どうやったら基本を忘れずにいられるのですか？」

改めて、思っています。私にとっての「当たり前」は、当たり前ではないのかもしれないと。子どものころに身に着けた、人としてどう生きるべきかを日々内省するという習慣の片鱗が私の中に残っていたのかもしれません。だから、基本姿勢の揺らぎは自分で見つけて自分で正すという、日々の中で特に意識することもなく行っている「当たり前」が、職員にとっては当たり前ではなく、本当にむずかしいことだったのかもしれません。

ですから、改めて今、私の個人的な物思いと私の「当たり前」を、藤里町社協職員に対し私が繰り返し主張している「基本姿勢の主な揺らぎチェック項目」として書き出してみました。

「基本姿勢の主な揺らぎチェック項目」

1　地域の福祉の向上につながる事業展開をすること
2　住民主体の原則を遵守すること
3　地域福祉実践を旨とする組織で働く者の自覚をもつこと
4　個人のエゴより地域福祉実践という組織目的を優先させること
5　事業目的に沿って業務を遂行すること

「藤里方式」と言いながら、特に目新しい主張があるわけでもありません。ごく当たり前のことで、社会福祉協議会の事業の規定に沿った注意事項です。そのごく当たり前のことを組織ぐるみで本気で実践しているのが、さらに「現場の創意と工夫で」成果につなげる本気の努力を続けているのが「藤里方式」です。

例えば１ならば、理事会が介護保険に参入すべきか否かの一般論を交わすことを否定し、あくまでも藤里町という地域において藤里町社協が行うことが地域福祉推進につながるか否かの論議をしてもらいます。

３ならば、地域の理解がないから事業展開が困難だという類《たぐい》の職員の言い分は、一切認めません。地域福祉実践に対する住民理解がある地域ならば、そもそも地域福祉実践という職務は成り立たないのですから。

４に至っては、日々の揺らぎチェックでは足りず、個人のエゴを優先させていた事例を、バイステックの七原則に沿ってＣＳＷの視点が備わっていない事例として取り上げ、徹底的な勉強会を行っています。

しかし、職員の基本姿勢の揺らぎチェックをしながらも、職員だけが悪いわけではないと、個人的には思っています。実践現場の人間が何も考えていないわけではないし、努力していないわけでもありません。それでも現場が混乱しているのは、そもそも地域福祉実践理念・実践の方法論の整理が不十分なのではないかと、感じることもあります。

そんな、個人的にいかがなものかと感じる、物思いをひとつ、ふたつ。

実践現場は理念論を語る場所ではないし、理念や実践論の正否を問題にするところでもありません。それなのに実践現場の人間が学者よろしく地域の方を相手に論じており、それが見過ごされている風潮に疑問を感じます。テキストで習った話を流暢に語ることが仕事で、それで地域福祉実践が成ると勘違いしているのではないかと、疑ってしまいます。

また、地域福祉の理念には、キリスト教的考え方と日本古来の助け合い精神とが混在しているよう見え、それが現場の混乱につながっているように思えます。西欧的発想の与える・与えられる福祉の発想と、日本的なともに暮らすための生活の知恵から出た福祉発想との根本的な違いを、混在させたままではないかと。

私自身は、畏れをもって祟り神《たた　がみ》を祀《まつ》る土着信仰に惹かれるし、神も仏も一緒くたにしてしまう日本人のおおらかさが好きだと思ってしまう人間です。それに、キリスト教という信仰の機軸をもたない者が与える・与えられる福祉を論じても、地域に根付かせるのはむずかしいのではないかと考えています。だから私は、藤里町という地域には日本的発想の福祉実践を選んでいるのかもしれません。

どうぞ、そんな混乱の中で、さらに地域福祉実践の一部断面図を理想とする完成図だと勘違いしないでください。「藤里方式」は、ただただ基本に忠実に、色眼鏡越しではない地域の福祉ニーズに向き合い、身の丈に合った「今できること」を「現場の創意と工夫」で続けることを大切に思うのです。

第5章 町民全てが生涯現役をめざせるまちづくり

第5章

町民全てが生涯現役をめざせるまちづくり

住民主体の町づくりが基本です。地域福祉推進役を担うべき社会福祉協議会は、地域の福祉ニーズの把握に努め、そのニーズに応えるために地域とともに新たな事業展開に挑戦し続ける使命を帯びています。そして、社協がその使命を果たせるように努めるのが社協職員の職務なのです。

そんな基本を間違えずに、少しずつ着実に歩み続けさえすれば、地域の可能性は大きく拓《ひら》くはずです。社協という組織は、そんな無限大の可能性を秘めた組織だと思っています。

1 ふれあいサロンマップづくり

新人職員だったころの私にとって、町の中心部にある藤琴《ふじこと》商店街は貴重な情報収集の場でした。小地域ネットワーク活動事業担当とはいえ、経理事務やお茶くみなどが主業務でしたから、そうした業務の合間を縫って業務として訪問活動ができるのはせいぜい二～三か月に一回程度でした。事務所を出る機会は、ひとり暮らし高齢者交流会や民協定例会のお茶出し、老人クラブの引率、そして金融機関等の商店街通い、そんな数少ない情報収集のチャンスを活かすしかありません。商店街の方がたは情報通ですし、商店街で出会う人たちも社協主催行事の参加者のときとは違って、茶飲み仲間と憩いながら饒舌に語られる内容には、業務としての訪問活動では得られない本音トークにあふれていました。

ですから、社協が住民から受ける相談は、商店街とともに地域で暮らす方がたから受ける雑多な日常の愚痴や困りごとの幅広さには遠く及ばない、という想いが常にありました。そして、役場や銀行や買い物に来た人たちが気軽に立ち寄れる店となるよう、商店街の皆さんが、日々住民との関係づくりに努力していることも知っていました。

「地域福祉トータルケア推進事業」の一環として商店街の空き店舗利用のサロンづくり構想が浮上したとき、正直、乗り気ではありませんでした。新たな人の流れを起こせるならともかく、現在すでにある人の流れを集める程度のサロンでは、商店街の営業妨害にもなりかねないという想いもありました。そんななかでひねり出したのが「ふれあいサロンマップ」構想です。社協主催のサロンではなく商店街のそれぞれの店舗がサロンで、商店街がまるごとサロン化をめざし、社協はまるごとサロンのマップづくりをするという案です。
商店街の賛同が得られると自信満々でしたが、「マップづくりには大賛成だが、協力はできない」という返事。商工会も女性部も青年部も同じ回答でした。商工会会員はマップから外れた場所にも存在するから、商店街の一部を切り取ったマップづくりをすることの主導はできないというのです。だからこそ社協に期待する、利害関係のない福祉だから、マップづくりも可能だろうからがんばってほしい、と言われたのです。
こうしてそれまで接点のなかった社協と商店街が、ふれあいサロンマップ加盟店に募金箱を置かせてもらったり、商店街に人通りが蘇ることを期待して、ふれあいサロン加盟店とタイアップして社協の「お買い物ツアー事業」をはじめたりと、さまざまな協力体制ができてきました。

買い物が不自由な方への「お買いものツアー事業」

これは、買い物に不便を感じている方や、バスの乗降が大変になってきたという方のために「ふれあいサロンマップ」加盟店とヘルパー事業所がタイアップしてはじめた事業で、自宅から自宅まで送迎し、スタッフが荷物を運びますので、安心してお買いものができます。お買いものツアーに合わせて重いものの買い物や、まとめ買いをされる方もいらっしゃいます。対象は、町内在住のおおむね七〇歳以上の方で、年会費一世帯二〇〇〇円をいただいています。利用日は月二回で、午前十時頃スタートです。

利用客は順調に増えているのですが、まっすぐにスーパーをめざし、買い物を済ますとそのまま帰宅して、商店街を歩こうともしません。

そこで、二〇一六年度はソフトクリームの機械を導入して商店街に人の流れをつくろうと、「食のコンシェルジュ」事業などを実施しました。

「食のコンシェルジュ」事業

「食」という切り口から、孤立し、支援が必要な人とは誰なのかを改めて考え直すための一年間の事業でした。サブタイトルを「食のコンシェルジュ事業」としてコンシェルジュを配置した「孤立する人が生活に輝きを取り戻す事業」で、「山と畑の恵みを楽しむイベント」「豚汁の日事業」「シチューの日事業」等を通して専門職からボランティアまで、特別な人のための孤立支援ではないことを認識でき、地域支援対象者像が見えたようです。また、ソフトクリームの機械を導入したことで、藤琴商店街に人の流れが蘇る可能性も広がりました。

このように、いろいろな仕掛けを試みながら、利用者の利便や楽しみをはかりつつ商店街に人の流れが蘇ることをねらっていますが、なかなか盛り上がらないのも現実です。それでも商店街のみなさんは苦笑しながら付き合ってくださいます。社協のイベントには協力隊として、またひきこもり者等支援の「社会復帰訓練カリキュラム」の講師陣として、商工会の事業計画作成前に協力してほしいことは先に言えと声をかけていただいたりし、近年、社協は商工会新年会の招待メンバーになっています。

ささやかな連携かもしれませんが大切な連携です。そのささやかな連携を地域と積み重ねること自体が地域福祉実践であり、そのための社協事業なのです。

改めて言えば、地域福祉実践のためのサロンづくりだということです。喜ばれるサロンをつくること自体が、サロンに多くの客を呼ぶこと自体が地域福祉実践ではありません。社協マンが、商店街の真ん中にサロンをつくることと、社協事業への協力を商店街にお願いすることとは別だと考えている限り、地域福祉実践は遠いのです。地域福祉推進のために社協事業に協力してほしいというご都合主義的発想をやめて、商店街が自助・共助に動き出せるように社協ができる支援は何かと考え直したなら、全く違う可能性が広がると思っています。

2　スタッフTシャツでおもてなし

二〇〇五(平成十七)年度、藤里町社協は秋田県社会福祉協議会のモデル指定を受けて「地域福祉トータルケア推進事業」を県内の市町村社協に先駆けて開始したことは先にふれました。秋田県社協が用意してくれた、「地域福祉トータルケア推進事業」の詳細を説明した三〇ページ余の冊子を片手に、さまざまな団体や機関の理解と同意を得ることからはじまりました。

とはいえ、わざわざ訪ねることはせずに、社協に立ち寄ったところを逃さずに説明したのです。県社協の冊子をかざして「モデル指定を受けたこの事業をはじめることになったから、協力をよろしく」で、本題はほぼ終了です。何をどうやって協力するのかと問われれば、「とりあえず総会で、社協のトータルケア推進事業に協力すると、同意をもらっておいてください」。協力はいいがむずかしいことはできないと言われれば、「大丈夫、今までも、できないことを頼んだことはないでしょ。具体的にご協力をお願いする段になったら、できそうもないことは断ってくればいいから」で合意は成立します。三〇ページにわたる冊子の内容については、大人数小人数にかかわらずいつでも説明に伺うことを申し添えれば、大体は不要だと断られました。そんな同意でも、社協が町民への説明会を開催すれば会員に呼びかけていただいたり、新事業に関する各団体独自の説明会や研修会を企画していただいたり、実際には最大限の協力をいただきました。

私自身は、「地域福祉向上のために、地域住民の理解と同意を求める」ということが、まだよくわかっていません。地域で暮らす方がたは地域福祉向上のための事業だと言われれば反対できるはずもなく、具体性に乏しい状況で説明されても理解には至らないでしょう。逆に、具体的な事業展開の段階になれば話は別で、個々人（あるいは団体）が許容できるかできないか、協力できるかできないかの問題になります。ですがそれは、個々人や団体の事情であって理解と同意とは別問題です。そんな「地域福祉トータルケア推進事業」のスタートでしたが、モデル地区としての三年間で、それなりの成果は残せました。

町内で第一四回地域福祉実践研究セミナーを開催

「地域福祉トータルケア推進事業の集大成として、第一四回地域福祉実践研究セミナーを日本地域福祉研究所との共催で藤里町で開催する」という話が出たときは、最初は賛成できませんでした。日本地域福祉研究所の大橋謙策理事長は「実践のやりっぱなしは実践とは言わない。実践し、記録としてまとめ、発信し、評価・検証を経て初めて実践したと言える」とおっしゃいます。しかし、実践のやりっぱなしが実践だと思っていた私は、「自分が全力で向かうべき相手は地域の方がたであって、ほかからどう評価を受けるかを気にしてもしようがない」という思いがありました。そうして、藤里町で全国セミナーを開催することが決まったときには、絶対に藤里町民自身のためのセミナーにしてみせる、と心ひそかに誓っていた気がします。今となっては、何を一人でいきがっていたのかわかりませんが……。

全国から二泊三日の日程で一〇〇人以上が集まるセミナーに向けて、説明会を重ねて実行委員を募ったところ、二五〇

セミナー記念撮影

人もの町民が手を上げてくれました。町民のイベントにするつもりの私にしても、この予想以上の人数に、思わず尻込みしてしまいました。

この手上げを断らないという選択をし、手を上げた方すべてに実行委員の仕事をお願いするという選択は大変なことですが、社協ならできるはずという信頼のもと、特に反対もないまま粛々と準備がはじまりました。

そして二〇〇八（平成二十）年八月二十八日のセミナー開会の当日は、スタッフが着用したTシャツの紫色に会場の藤里町総合開発センター周辺が埋め尽くされました。参加者よりもはるかに多い地元スタッフが主会場に溢れ、セミナーの進行とは別に盛り上がり、秋田県社協から「紫軍団」と命名されたほどでした。

「紫軍団」の活躍

各団体・各地区をあげてのセミナー準備支援

例えば、ボランティア団体連絡協議会は一九九三（平成五）年に発足し、毎年度の藤里町社協のヘルパー養成研修受講生がボランティアグループをつくって新加入していたので、一時期は三〇〇人を超えました。介護保険制度がはじまり、仕事を求める人のためのホームヘルパー養成研修に様変わりし、会員の減少と高齢化が深刻になっていました。藤里町社協はボランティアセンター機能を強化せず、ボランティア団体連絡協議会の事務局として黒子に徹していました。ですから、社協のイベントにはいつも多くの会員が駆けつけてくれます。ボランティア会員であり町内某福祉施設のパート職員でもある方が、セミナーに向けて三日間の休暇を取っていただいたことがわかり、一日で結構だから本業に戻ってくださいとお願い（？）する場面もありました。

例えば、知的障害者育成会の場合、会員の減少に悩む育成会と連携して、社協が年一回の知的障害者家族交流会事業を行い、少しずつ新規会員を増やしてきました。このように各福祉団体とはそれぞれつながりがあり、団体会員の方がたは社協の事業は自分たちの事業と同じと、がんばってくれます。セミナー当日に、団体会員の方が集まって「〇〇分科会の会場は準備ができていないらしい」「ふむ、社協の職員は手一杯だから俺たちが行くしかないか」「じゃあ、俺が残るから、手の空いている連中を集めて向かってくれ」などと相談していたそうです。

A地区自治会では、社協主催の福祉座談会ではなく、社協が新年会に出張して「福祉の話」をしたりしているところです。その地区のワークショップ会場の準備確認に寄ったところ、実行委員でもないのに自治会役員が総出で夜の部の宴会に向けて、のんびりとホルモン（もつ肉）を煮込んでおりました。

「はあ？　朝から役員が総出で煮込みづくり？」

「強火だと旨く煮込めない。それに、役員ががんばらないで誰ががんばるんだよ」

もちろん、A地区自治会に限った話ではなく、町会議員も総出なら商工会女性部も総出で、あちらやこちらで、思いがけないうれしい光景が繰り広げられていました。

老人クラブのみなさんは「足手まといになりたくないから」と、実行委員を辞退していました。それなのに、○○地区の集会所がワークショップの会場らしいと噂が出るたびにそれぞれの集会所の道端の草刈りをはじめてくれます。その都度、早く会場を決めろと競い合ったり、セミナーに合わせてゴミ拾いや缶拾いをはじめたり、「何もできないけれど、何をすればいいかな」と聞かれることも多く、スタッフTシャツを着て忙しくしてくれるだけでもウェルカムムードが出せると言ったら実行してくれたようです。

Tシャツは、私と若手職員合作のオリジナルデザインで、センスがないと言われますが、当日はあちこちで紫Tシャツを着て畑仕事をしている方を見かけたとか、道端やスーパー、隣町の駅でも紫Tシャツを見たという目撃情報が次々と入ってきたのです。

セミナーの後日、ボランティア団体連絡協議会に所属する各種団体で、ボランティア活動をする場合は紫のスタッフTシャツを着るという取り決めがなされました。そして、八

好評だったスタッフTシャツ

年が過ぎた今でも紫のスタッフTシャツの着用は続いており、根負けした社協は今年度、新たなTシャツ五〇枚を追加発注した次第です。

藤里町民にとっても職員にとっても、「地域福祉実践研究セミナー」はみんなが紫のスタッフTシャツを着ておもてなしをした「なんだったかセミナー」なのです。この事業の目的やセミナーの趣旨を忘れたとしても「みんなで力を合わせて成し遂げた」うれしさや充実感は、確かな財産として今も藤里町民に残っています。

藤里町での全国セミナー開催を、社協事業と考えて町民に協力をお願いするのか、町民が主体のおもてなし事業と考えるのかで、結果が大きく違ってきたのではないかと思っているのです。

3 北部地区一斉除排雪事業の賜《たまわ》りもの

かつてない豪雪だった二〇〇六年

平成十八（二〇〇六）年豪雪のときの北部地区一斉除排雪事業は、私にとって、忘れられない事業となっています。例年よりも早く十二月から積りはじめた雪は、年が明けても

図3　北部地区一斉除排雪事業チラシ

これからが、いよいよ冬本番！

例年にない大雪の冬を乗り切るために、北部地区全戸を対象に一斉に除排雪を行います。

平成１８年１月２１日（土）
午前９時～３時まで

○対象区域　金沢、上茶屋、真名子、向真名子
○対 象 者　全戸
○活動内容　道路への排雪、炊き出し、等全員に「出来る事」で参加してください。
○活動期日　平成 18 年 1 月 21 日（土）
午前 9 時～午後 3 時

秋田県災害ボランティア支援センター、藤里町社会福祉協議会、北部地区自治会、北部地区活性化推進協議会、北部地区消防団が協力して『北部地区一斉除排雪事業』を行うことになりました。

当日は、午前 9 時～午後 3 時まで各家々で困っている雪を道路まで出してください。ローダー等で雪捨てをいたします。
尚、家から道路まで雪を出すのが困難な方には、ボランティアで対応しますのでご連絡ください。

お問合せ先　藤里町社会福祉協議会　７９－２８４８

来る日も来る日も降り積もり、雪処理には慣れている藤里町民もさすがに疲労困憊していたところ、秋田県社協から支援の声がかかりました。大雪で困っている藤里町北部地区のひとり暮らし高齢者支援のために全国からボランティアが集まって来てくれ、しかもマスコミの取材まで入るというのです。

藤里町社協はボランティア受け入れ態勢が整っていますので、手間がかかることは確かですが、ありがたい申し出でした。通常の冬なら従来の取り組みで十分に対応できたのですが、この年は誰もが音をあげた豪雪でした。ひとり暮らし高齢者の近隣の協力員は疲れ果て、シルバーバンクも派遣は勘弁してほしいと言い、頼みの業者も激務のあまり点滴を打ちながら作業にあたっているスタッフに無理はさせられない状態とのこと。それでもみんなで踏ん張って、何とかしのいでいるところでした。

藤里町のひとり暮らし高齢者の雪処理支援は、二重に三重に手厚く組まれています。毎日の雪処理は近隣の協力員が、処理しきれなくなれば町の補助で業者による重機を使用しての雪処理、それでも間に合わないときは中学生や行政の若手職員による無料のボランティア支援や有料のシルバーバンク支援まで手配できます。

しかし、雪に埋もれた北部地区のひとり暮らし高齢者宅の除雪の光景を思い浮かべて、さらなる援助態勢の必要が頭をよぎりました。

自分の家の除雪は後回しにして、心配性のひとり暮らしのAさん宅の除雪をしてくれているBさんは、何を思うだろうか。自分の方が大変だと言っている隣家のCさんやDさんはどうしているのだろう。雪で困っているのは北部地区の人たち全部なのに、それでも困っている人を何とか助けようとみんなで頑張ってきたのだから、ひとり暮らし高齢者支援だけで終わらせることはできない。雪で困っているのは北部地区の人全部だから、こんなときこそ自治会費を使ってほしいと自治会を口説き、民生委員や地区福祉員、老人クラブ、地域活性化推進会議の協力を取り付けて、「北部地区一斉除排雪事業」を立ち上げました。

全員参加を掲げて、

「自治会費でローダーを借り上げるので、敷地内の雪を道路に出せば業者が処理します。その作業が困難な人は、ボランティアが支援しますので申し出てください」

「体力に自信のある方は力仕事で参加してください。それを支える炊き出し部隊としての参加も歓迎です。体力に自信のない方は、火の番でも結構です」

「米・味噌・野菜の提供による参加も大歓迎です」

と呼びかけます。

一斉除排雪事業の場面

自分の持ち場を守ることから協働作業へ

スタート時点では誰もが自分の持ち場に夢中で、ほかを構《かま》っている余裕はなかったのですが、やがて「そこを手伝おうか」の声に「いや、オレは大丈夫だから、◯◯ばあさんの家を見てやってくれ」などという声が出はじめました。炊き出し部隊が心を込めた豚汁におにぎりの昼食を終えてからは、あちこちで感動的な場面に出会いました。

「□□の家は出稼ぎで、年寄りだけになっている」

と、ボランティアを引き連れてかまくら状態の家に向かう人。

「私の家は大丈夫ですから、△△さんの家を見てもらえますか。おばあちゃんが一人で大変そうなのに、なかなか手伝ってあげられなくて。どうかお願いします」

と、若いお嫁さんが言う。

どの人も疲れているのに時間ぎりぎりまで、自分の家はそっちのけで心配な家の雪を何とかしようと必死でがんばるのです。

毎冬、除雪ボランティアでがんばってくれる役場の若手職員の言葉もうれしかったのです。ひとり暮らし高齢者宅の除雪作業中は、いつもおばあちゃんが家の中でテレビの音もたてないように息をひそめているのがわかります。すまなそうに「ありがとう、ありがとう」と、何度も頭を下げられます。そのおばあちゃんが、今年は得意そうにうれしそうに「うちの畑の人参だ。今年は特にうまいぞ、いっぱい食べてくれ」と豚汁を勧めてくれたそうで、「こんなボランティアだったら、いつでもやるぞ」と、こちらもうれしそうでした。

こうして雪に埋もれていた北部地区が蘇りましたが、翌日もまた雪で、あっと言う間に三〇～四〇㎝は積もり、また、雪に埋もれた景色に逆戻りです。

協働の取り組みが財産となった

あれだけの大騒ぎで駆り出されたあげくの元の木阿弥か……と、北部地区のみなさんの不機嫌さを思いながら様子を見に行ったのですが、除雪作業中のみなさんは輝くような笑顔で迎えてくれました。

「後は心配するな。なあに、これでいつもの冬に戻ったってところだ。だから、後は俺たちにまかせておけ」

「そうそう、社協にあれだけがんばってもらったんだから、ひとり暮らしだろうが何だろうが、後は俺たちががんばらないと」

この事業を実施して、本当によかったと思った瞬間でした。

しかし、これは自治会と地域の人たちが中心になってがんばった事業です。社協は「自治会費だけで足りないなら、社協が補助を出します、五〇〇〇円でも一万円でも」と伝えましたが、最終的には五〇〇〇円の補助金を出すとともに、広報のチラシをつくっただけでした。ただし、自治会主催の事業では納得しない人もいるだろうと、社協主催事業にしました。新しいことをはじめる場合、社協事業だから協力してくれというほうが地域に受け入れてもらいやすいと考えてのことです。

その二年後の夏、北部地区自治会は自治会経営の民宿をオープンしました。豪雪の年に突然、先の見えない「北部地区一斉除排雪事業」で、全国からやってきたボランティアのおもてなしをしたことを思えば怖いものはないそうです。そして、先にふれた第一四回地域福祉実践研究セミナーのワークショップ会場としての楽しいおもてなしの経験で「やればできる」と味をしめたようです。

4 藤里に吹く新しい風

地方創生事業に参入

藤里町社協は二〇一五（平成二十七）年度、地方創生事業に参入しました。テレビや新聞等で地方創生がくりかえされ、私の耳にはそれが、力量も裁量も兼ね備えた一部の人たちが地方創生事業を担い、弱者と呼ばれる人たちはその恩恵を待つだけだと、そう聞こえました。「ともに支え合う地域づくり」の言葉を拡大解釈している私としては少々納得できず、ならば福祉の立場からの地方創生事業と位置づけ、弱者と呼ばれる方たちすべてが担い手になれる地方創生事業を考えようと思ったのです。

テーマは「すべての町民が生涯現役をめざせるシステムづくり事業」です。目玉事業は「人づくり事業」「仕事づくり事業」「若者支援事業」の三つです。

人口三六〇〇人を切り、高齢化率四四％を超え、人口減少にも歯止めがかからない過疎の藤里町です。減り続ける若者が増え続ける高齢者をどう支えるか、という発想では対応できない厳しい現状があります。ですから、老いも若きも障害があってもなくても参加できる「人づくり事業」です。そのパワーを最大限に活かすための「仕事づくり事業」です。そして、町民すべてがいきいきと輝いて暮らす町なら、若者にとっても住みやすい町になるはずという想いの「若者支援事業」です。自社協の限界を勝手に地域福祉の限界と置き換えていた凝り固まった福祉の常識をもみほぐし、地域福祉の可能性は無限大で多様かもしれないと思い直してみてください。

「人づくり会議」「仕事づくり会議」「若者支援会議」と称して、さまざまな機関や団体から各二〇人の推進員をお願いすると同時に、全体会議やら説明会が終わるか終わらないかのうちに視察研修や報告会議が続くなかでも、ほとんどの人が無理をして参加してくれています。

大雨洪水警報が発令されるなか、事業説明会を行った町の福祉大会には、三〇〇人近い町民が参加してくれました（土砂崩れ対策に忙しいという町長以下三役も議員らも最後まで参加）。

その福祉大会では、実行員の方がたが記念品として「生涯現役」を染め上げたタオルを町民に配布して、藤里町では「生涯現役」がマイブームになっております。

図４　「町民全てが生涯現役を目指せるシステムづくり事業」

過疎地域等集落ネットワーク圏形成支援補助事業
町民全てが生涯現役を目指せるシステムづくり事業
藤里町社会福祉協議会
福祉の立場からの地方創生を考えました
６月１日づけで総務省の補助金交付を頂きました
「町民全てが生涯現役を目指せるシステムづくり事業」
平成２８年度実施に向けて、急ピッチで動き出しております
【事業の概要】
町民全てが生涯現役を目指せるシステムをつくる。
老いも若きも、障害があってもなくても、参加できる人づくり。
その力を最大限に活かせる仕事づくり。
そんな過疎化の町で全ての町民が生き生きと輝いて暮らす町づくりは、若者にとっても住みやすい町になる。
【主な事業】
１．　人づくり事業
２．　新たな仕事づくり事業
３．　若者にとっての住みやすい町づくりを考える事業
事業実施体制
実施主体：藤里町社会福祉協議会
町民全てが生涯現役を目指せるシステムづくり事業チーム
※専任職員を配置
・秋田県
・山本地域振興局
・藤里町
・コンサルティング（有識者、大学等専門家による助言・指導）
・商品開発指導
人づくり会議
・自治会・地区活動推進協議会・老人クラブ連合会・婦人会
・プラチナバンク（仮称）・「こみっと」バンク・デイサービス
・グループホーム・特養・シルバーバンク・就業体験プログラム
・ボランティア団体連絡協議会
仕事づくり会議
・自治会・地区活動推進協議会・老人クラブ連合会
・婦人会・多世代井戸端交流会・「こみっと」バンク
・就業体験プログラム（町内の商店主、銀行、役場商工観光課等）
・身体障害者協会・手をつなぐ育成会
若者支援会議
・自治会・地区活動推進協議会・老人クラブ連合会
・婦人会・井戸端交流若者部会・ＰＴＡ・民生児童委員
・「こみっと」共同事務所連絡協議会（ＮＰＯ等含む登録１２団体）
藤里町
（仮称）
藤里町の未来をつくるプロジェクトチーム
・商工業者
・農林業関係者
・メディカル関係
・福祉関係
・若者Ｕターン者
・子育て関係者
・学生関係者
・働く女性代表
・地域づくり見識者
・公募町民
・町職員など、２５名
人づくり事業
過疎化と高齢化の問題
高齢化率が４２％を超え、人口減少にも歯止めがかからない。今後も増え続ける高齢者をどう支えるかという発想では対応しきれない、厳しい現状がある。
高齢化の過疎の町でも生き生きと輝いて暮らしたい！
障害者でも、高齢者でも、ひきこもり者でも、デイサービス利用者でも、施設入所者でも町民全てが生涯現役を目指せる町にしたい
藤里町を支える人づくりをします
・プラチナバンク事業の立ち上げ
・シルバーバンク事業の強化
・こみっとバンク事業の強化
・生涯現役でいるための研修事業
仕事づくり事業
仕事の問題
主産業の低迷した町では、人口減少や過疎化を止められない。
町民全てが参加できる新たな仕事づくりを目指したい！
町民全員参加の主産業をつくる
・製品化が可能な「地域のめぐみ」を集めて、町の特産品を開発する
・仕事づくりの新たな拠点をつくる
・特産品の開発
・「白神まいたけキッシュ」「こみっとうどん」製造販売の再編
・仕事づくり事業の新たな拠点の調査
若者支援事業
若者の住みづらさの問題
高齢者対策を優先してきた結果が、若者にとって住みづらい町に？
今、少数派の若者支援が急務
若者が「住みやすい・住み続けたい」と思う町にしたい！
「若者だから支える側」「高齢者だから支えられる側」という考えからの脱皮をはかる
若者が住みやすい町を考える
・若者のために何ができるのかについて検討及び実施
・住みやすい町づくりについて町外の若者の意向調査
町民の皆様にお願いしたいこと
人づくり会議・仕事づくり会議・若者支援会議等で
人づくり・仕事づくり・若者支援についての社協案を提示させて頂きます。
平成２８年４月の実施に向けて　社協案をたたき台に積極的なご意見をお願いします。
様々な機会に積極的なご意見をお願いします。多くの町民の皆様への周知をお願いします。

二〇一五（平成二十七）年度は総務省補助金による「町民全てが生涯現役を目指せるシステムづくり事業」でしたが、翌二〇一六年度は、内閣府より地方創生加速化交付金を得まして今度は「町民全てが生涯現役を実践する事業」を実施しています。「システムを作って終わり」という訳にはいかないようです。

さらに、仕事づくりの拠点として、温泉つきの「農村環境改善センター」の指定管理を受託しました。改修工事が終わる二〇一六年九月から、「仕事づくり事業」が本格始動となります。

「人づくり事業」

「人づくり事業」のメインは二〇一六（平成二十八）年九月に予定している「プラチナバンク事業」の立ち上げです。従来からのシルバーバンクやひきこもり者等の「こみっとバ

生涯現役タオルのおひろめ

ンク」、個人登録のボランティア、老人クラブ、身体障害者も登録の仕方を工夫することで「地域の役に立ちたい」思いのある方すべてを受け入れる構想です。デイサービス利用者も施設利用者も、山菜の皮むき等が得意な人もいるし、個々人ができるかたちで参加しての「人づくり事業」です。

町民に向けて「登録のお願い」ではなく、全員登録を前提に、「どんな働き方なら登録できるか」をうかがいに回りますのでよろしく、と宣言しております。

「仕事づくり事業」

「オレの山を見に来い。デイサービスの利用者でも山菜取りに入れるぞ」

「社協が畑を探していると聞いたから、ほかの人には貸さずにいる」

「仕事づくり事業」として、当初は新しい特産品づくりを考えていましたが、推進員の方たちと話し合いを重ねるうちに、藤里に昔からあるものを探して製品化したいという提案がありました。昔ながらの山菜料理等の味を大切に伝承し、世界自然遺産白神山地の麓《ふもと》の町に住む者だから、大量に売れることや流行にのる特産品開発ではなく、山の恵みのおすそわけを活かして身の丈に合った特産品づくりをしたい、ということとなりました。

図5　プラチナバンク働き方登録票

分野	番号	働くかたち		働き方
A収入	4	8万以上	仕事優先 なんでもやります型	定額の収入を得たい。
	3	3～8万	自分の希望優先 職人型	仕事を選んで、少額でも収入を得たい。
	2	分からない	余暇優先型	金額にはこだわらない。できる時に仕事をしたい
	1	ポイント	支援付	ポイントで受取る。
B仕事時間	4	6時間以上	仕事優先 なんでもやります型	受けた仕事の時間働きます。
	3	3時間未満	自分の希望優先 職人型	選んだ仕事の時間働きます。
	2	1時間	余暇優先型	短時間なら働きます。
	1	不定	支援付	支援付で仕事します
Cやる気	4	なんでもひとりでできます	仕事優先 なんでもやります型	いろいろな仕事に全力でチャレンジします
	3	得意分野はひとりでできます	自分の希望優先 職人型	登録した職種なら、なんでもやります
	2	誰かと一緒ならできます	余暇優先型	誰かと一緒に仕事をします
	1	支援があればできます	支援付	支援をうけながら仕事をします
D経験	4	仕事の経験があります	仕事優先 なんでもやります型	仕事の経験を土台になんでも仕事をします
	3	得意な仕事があります	自分の希望優先 職人型	仕事の経験を活かして仕事ができます
	2	仕事はしたことがあります	余暇優先型	仕事はしたことがあります
	1	仕事の経験がありません	支援付	仕事の経験はありません

※団体登録とは：老人クラブ、婦人会、PTA、スポーツ少年団、むじん、デイサービス等で登録し、作業しポイントを取得します。

※仕事にポイントがついています。ポイントは○○券と引き換えできます。例.入浴券、こみっとお食事券等

自分のスタイル

A収入	4
B仕事時間	2
Cやる気	3
D経験	1
合計	10

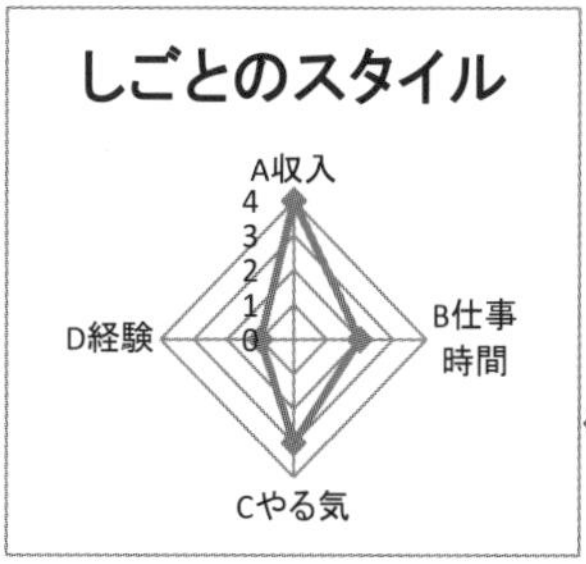

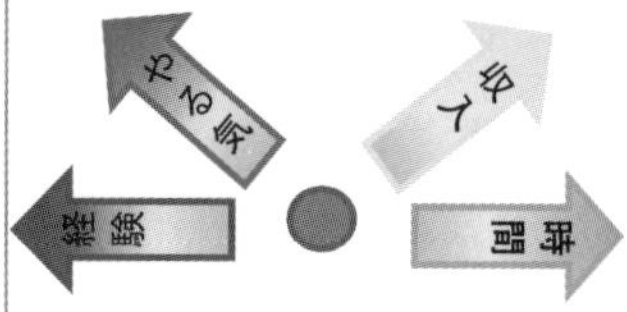

昔ながらの手料理にはどんなものがあるのか、婦人会の皆さんの地区ごとの手料理披露で大試食会を開催しました。地区の皆さんや老人クラブの会員、グループホームやデイサービスの利用者等の二〇〇人余がモニターとして参加してくださいました。車いす介助を受けながら、むずかしい顔で試食しては「いんや、も少し酢を利かせてトロミをつけてやらなきゃなんね」などと言っているデイサービス利用者。メモ用紙を片手に「さすがだねえ。料理上手と言われていたものねえ」と、かしこまって聞く婦人会。そんな姿を見てしまうと、売れる・売れないとか、成功する・しないという話ではなくなり、町内外に自慢できる製品に仕上げなければならないし、成功するまでチャレンジするしかないと思ってしまいます。

そして、町民に向けて「根っこビジネス構想」を打ち出しました。

徳島県上勝町の「葉っぱビジネス」などの暖かい地方の特産品づくりをながめては、一年の半分が雪に埋もれる当町ではとてもかなわないとため息をつきながら、「雪に埋もれても耐え抜く根っこなら暖かい地方の枝葉《えだは》に対抗できるかもしれない」と考えたのです。白神山地に自生するたくましい葛《くず》の根っこを丹念に叩いて、それを雪の白神山地の冷たい

昔ながらの手料理大試食会風景

水にさらして、手間のかかる大変な作業を経てでき上がる葛粉《くずこ》は最良に違いない。最良の蕨粉《わらびこ》もできるに違いない。

「はぁー。根っこビジネスもいいが、誰が掘る?誰が叩く?誰が水にさらす?どうせ俺たちにやれと言うんだろうが?」

「でも、葛の根っこを扱ったことなんてないんだろ?」

そんな文句を言いながらも、翌日には、社協に掘りたての葛の根っこを届けてくれます。そして、「葛の根っこを掘るところを見せてやるから長靴で出てこい」と、すぐに輪が広がり、雪が降る前には二〇〇kgの葛や蕨の根っこが集まってきました。

その後なぜか、根っこビジネスのための蕨《わらび》栽培まで始めることになり、四ヘクタールの広大な土地を借りて、野焼きにも挑戦しました。

「若者支援事業」

藤里町社協ではひきこもり者等支援事業の一環として、二〇一〇(平成二十二)年度からホームヘルパー養成研修を主とした求職者支援事業を行ってきました。その求職者支援事業は職を求めている人たちに向けた職業訓練事業という大前提があり、ひきこもり者等

蕨栽培のため、野焼きにも挑戦

が家から出るきっかけになる利点と、社会的経験を積み重ねるプラスアルファ体験や個々人に応じた対応等ができない不便さがありました。であれば藤里町独自のカリキュラムをつくろうと、二〇一三（平成二十五）年度からは厚生労働省の補助金を得て、藤里町社協版職業訓練カリキュラム（通称は「マルカリ」）を開始しました。訓練対象とする職業はあくまでも一つと限定される求職者支援事業に比べて、藤里町社協の「マルカリ」で学べる職業は、商業や観光、福祉から技能系まで多種多様です。職業訓練事業というよりは、職業選択のヒントを得るための職業体験事業の意味合いが強いのです。

年二回の開催で訓練期間は二～三か月程度、講師陣には藤里町の多彩な職業人を集めました。役場のエコツーリズム事業担当者がいれば、居酒屋の店主に農家、理髪店、葬儀社、写真店と多種多様。「マルカリ」に取り組んで初めて、藤里町にこれほど多様な職業人がいたことを知った思いです。

職業訓練というより職業体験事業ですから、例えばあるカリキュラムでは、りんどう畑の農家の方が講師を務め、「俺はなぜ、この雪深い町でりんどう栽培に取り組んだのか」という講義があり、実際にりんどうを扱う演習があり、そしてりんどう畑での実習となります。りんどう畑の草取りには従来から「こみっと」登録生が「こみっとバンク」（人材登録）からとして参加していましたが、受講生にとっては、ただ草取り作業に派遣されていたときと、講義・実習を経た後とでは、作業に対する思いがまるで違ったようでした。

講師陣の人数だけ内容も多種多彩で、当日のために分厚い講義原稿を用意してくださった講師、店からトラック一台分の商売道具をもち込んで演習を行ってくださった講師、自然から学べと白神山地に連れ出してくださった講師等、受講生には貴重で忘れがたい体験になったようです。

「マルカリ」事業は年二回のペースで二年間実施しましたが、どの講義も職員が自分も受けたいと言い出すほど充実したもので、今年度は内容を少し変えて「きらり☆カリキュラム」として実施したところです。そして、町

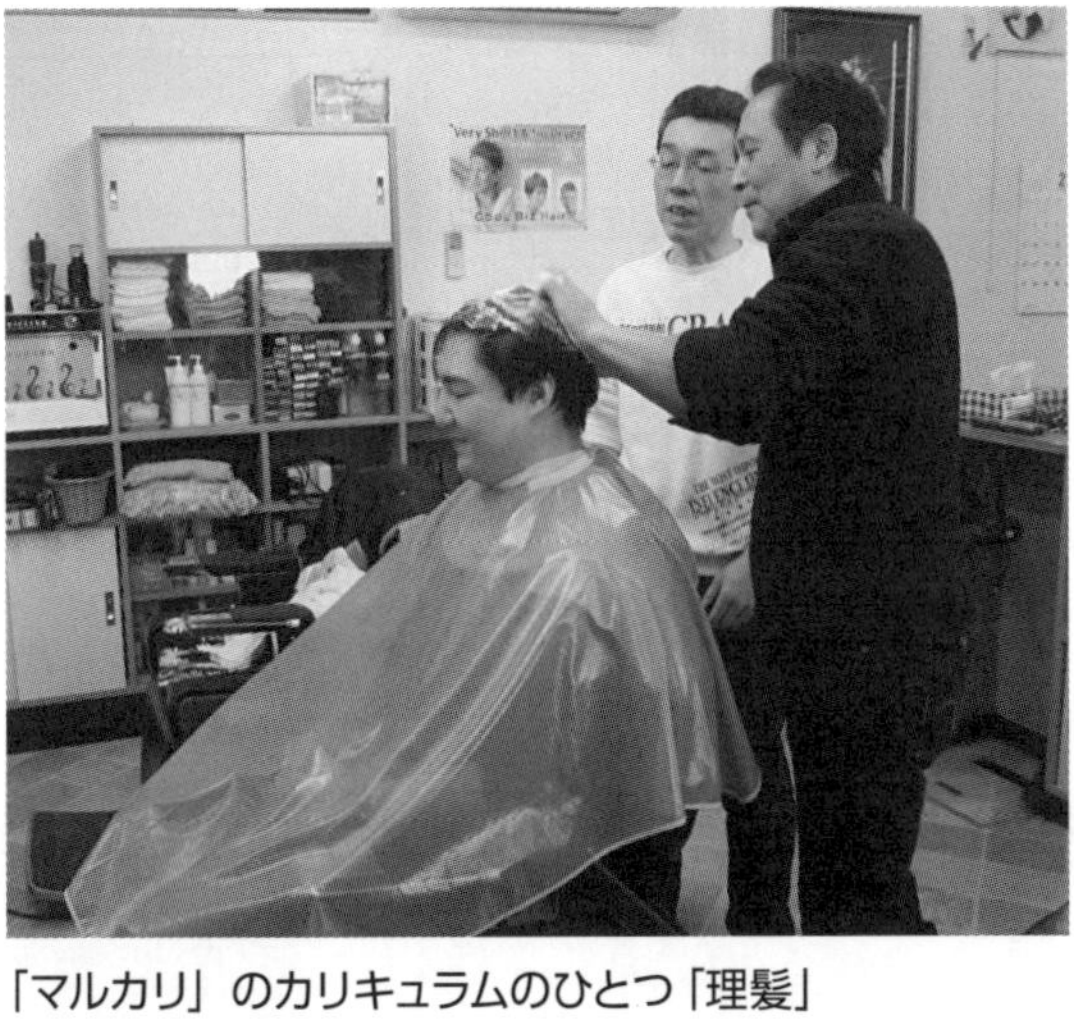

「マルカリ」のカリキュラムのひとつ「理髪」

図6　平成28年度 藤里町体験プログラム参加者募集チラシ

藤里体験で、新たな自分の可能性を見つけてください。

平成28年度　藤里町体験プログラム参加者を募集します！

・藤里町社会福祉協議会では、平成22年度より若者の就労訓練・就労体験カリキュラム等を実施し、実績を上げて参りました。
・平成28年度は、これまでの就労訓練・就労体験カリキュラム等に短期間の藤里体験ツアー等を加えて藤里体験プログラムとして、全国に向けて広く参加者を募集いたします。
・旅費、滞在費等に関しての補助制度もありますので、どうぞお気軽にお問い合わせください。

※秋田県藤里町社会福祉協議会の活動につきましては、「ひきこもり町おこしに発つ」（秋田魁新報社）、「藤里方式が止まらない」（萌書房）の書籍をご参照ください。

①藤里体験カリキュラム

☆盛りだくさんの『職業体験』コースを取りそろえ、藤里町の個性豊かな講師陣のもと、ディープな藤里体験ができます。

1回目
募集期間
4月1日～4月30日
実施期間
5月12日～7月4日

居酒屋実習：魚のさばき方編

2回目
募集期間
8月20日～9月19日
実施期間
10月1日～12月10日

木材会社演習：樹木について学ぶ編

②求職者支援事業

☆介護初任者（旧ヘルパー）資格が取得出来ます。助成金制度もあります。

介護職員初任者研修
1回目
募集期間
5月19日～6月18日
実施期間
7月19日～10月18日

介護職員初任者研修
2回目
募集期間
10月19日～11月18日
実施期間
12月19日～3月18日

③こみっとバンク

☆シルバーバンクの若者版とイメージしてください。自分らしく生きるために、自分に合った仕事を見つけてください。

春は野外作業が増えます

白神山水の作業です

除雪作業は感謝されます

④きらり☆カリキュラム

☆月替わりで多彩な2泊3日の藤里体験コースです。小さくてもきらりと輝く町を楽しんでください。

例えば・・・
こんなきらり☆
があります

世界遺産白神山地ガイドのプチ体験

こみっと感謝祭の体験

浅間神社祭典の体験

外（県外）に向けて、就労体験プログラムを開放する方向で動き出しています。藤里町社協の求職者支援事業、「マルカリ」事業、「こみっとバンク」事業を組み合わせた「こみっと支援」としての若者支援の成果は県内外で、関係者から高く評価をいただいてきました。県外からの「こみっと支援」を受けたいという問い合わせも多く、「こみっと感謝祭」等のイベントには、九州や大阪、関東からと、旅費を貯めて来てくれる若者も多くいます。

そんな県内外からの若者を受け入れて行う、「マルカリ」や「こみっとバンク」が、藤里町にどんな風を吹き込んでくれるのか、今から楽しみです。

5　白神まいたけキッシュの製造販売の効能

ひきこもり者等支援に向けた福祉の拠点「こみっと」事業の開始に関しては、町民の理解と同意を得るために二年近くかけてていねいに説明して回りました。その甲斐あって、町の各団体が「こみっと」共同事務所に登録して、日常的に「こみっと」に出入りしてくれるようになりました。

「互いを知る機会があれば理解が深まる」という思惑どおりにはなかなか進まず、「こみっと」開設後も、ひきこもり者等支援に対する理解を求めてさまざまな機会をとらえて説明をくりかえしてきました。押しても駄目なら引いてみる、内からが駄目なら外からと、『ひきこもり　町おこしに発つ』（二〇一二年四月）や『「藤里方式」が止まらない』（二〇一五年四月）を出版し、テレビやラジオ出演もがんばりましたが、反応はイマイチでした。テレビ放映では、「〇〇さんが映った！」「あれは△△の家だ！」と大騒ぎのうちに終わるようで、それ以上のことはなかったようです。

そのような中で、町民から「ひきこもり等支援に対する正しい評価」を受けるためには、外部からの評価が必要だと思っていました。外からの評価として、日本地域福祉学会の「第十回地域福祉優秀実践賞」の受賞（二〇一三年度）こそは「厄介ごとを抱えた弱者支援」という従来の支援イメージを変えるのではな

福祉の拠点「こみっと」

いかと期待しましたが、町民の反応は薄かったのです。

「エイボン女性年度賞」受賞がひとつの転機に

ところが、「二〇一四エイボン女性年度賞」の受賞で、町民の評価は一気に跳ね上がりました。これは社会に有意義な活動をし、人びとに勇気や希望を与える女性を表彰する賞という外資系の化粧品会社エイボン・プロダクツ株式会社主催の歴史がある賞のようですが、私はどんな賞かわからず、「副賞五〇万円」を耳にしなければ断っていたはずです。後に知った歴代「エイボン女性賞」受賞者の顔ぶれにも驚きました。二〇一四（平成二十六）年度の私を含めた三人の受賞者の中に女優の吉永小百合さんがいたことが、町民の評価が上がった大きな理由です。

町民の多くは、私以上に何の賞かわかっていませんが、「女優 吉永小百合さん」と並んだことが偉いとほめてくれます。「いや、授賞式は欠席なさったから並んでいません」と言えば、「いやいや名前が並んだだけでも偉い」という始末。無論、私への評価が上がると同時に、「こみっと支援」事業への評価も上がりました。

そうして「町民すべてが営業マン」のコンセプトを掲げて町民に協力をお願いした「白

図7　白神まいたけキッシュ　チラシ

神まいたけキッシュ」製造販売では、登録生が自らの工賃アップをめざして、藤里町の特産品づくりに挑戦しました。その結果、初年度の売り上げが四五〇万円になり、小さな過疎の町での大きな売上額が驚きを呼んだようで、みんながなるほどと思ってくださったのです。

「こみっと」に集う若者は、ひきこもりだったかもしれませんが、ごく普通の若者たちです。彼らが集まり本気を出せば、四五〇万円の売り上げも可能だということです。ひきこもり状態だったことによる「社会経験不足支援」であって、決して「厄介ごとを抱えた弱者支援」ではないとくりかえし、あの手この手で説明を試みてもうまく伝わらなかったのですが、「白神まいたけキッシュ」製造販売から、町民の「こみっと支援」の見方が大きく変わりました。もともと力をもった若者たち、その若者たちが活躍の場がないままに埋もれていたことに改めて思い至り、埋もれさせてはならないと思ってくださったようです。

「まいたけキッシュ」の次は「こみっとうどん」

「こみっと」登録生の工賃アップのために町民のみなさんに協力をお願いしたのが、「白神まいたけキッシュ」販売でした。その次は、「こみっと」が製品開発をした美味しい「こ

美味しい「こみっとうどん」

みっとうどん」を、町民のみなさんのお役に立てていただこうという試みです。

要望があれば、町内飲食店にも町内イベントにも、格安で「こみっとうどん」を提供します。製品には自信があるので、どうぞお役に立ててください。あちらもこちらも、それぞれが「こみっとうどん」を美味しく食べる工夫をこらしてください。やがて、藤里町に行けば美味しいうどんが食べられると「こみっとうどん」目当ての人が藤里町に押し寄せるかもしれないと、ほとんど売れていないし、企画もすすんでいないのに、自信満々で吹聴して歩いています。

町民のためにがんばりたいという「こみっとうどん」事業のスタンスは、町民に伝わっているようです。

6　求職者支援事業と職業体験カリキュラム

「こみっと」開設と同時に、ホームヘルパー養成研修を主軸にした求職者支援事業も開始しました。特にひきこもり支援が目的ではなかったのですが、「こみっと」支援を受けに出てきた人は少数で、求職者支援事業受講のために出てきた人が圧倒的に多かったのです。

昼夜逆転のまま、髭も髪も伸び放題のままに受講をはじめた人たちが、数か月後には就職を決めてさわやかな笑顔で去っていくのを見送っていました。

求職者支援事業は職業を限定した訓練事業で、最初から職業選択できるほど社会的経験がない人も多かったのです。マニュアル化されたプログラムでは、未消化で不安を抱えたまま卒業する人も多くいました。そこで、厚生労働省の補助金を得て二〇一三（平成二十五）年度から、藤里町社協独自の職業体験カリキュラム作成に挑戦しています（以下、求職者支援事業を「マル求」、藤里独自の職業体験カリキュラムを「マルカリ」）。

町内のいろいろな職業の方を講師陣に迎えた「マルカリ」事業は、受講生に大きな影響を与えました。職業の選択肢には入っていなかった寝具店の講義に感銘し、写真店の演習に魅せられ、居酒屋の妙技にため息をつく。それぞれの講師にホームヘルパー養成研修と同様の、例えば、車いす使用のための講義、車いすを使った演習、実際の車いす介護現場での実習のような手順をお願いして、それぞれの講師が工夫を凝らした講義となっています。

さらに、りんどう畑の草取りを頼まれて草取りをする、りんどう畑の農家が、講義でりんどう畑をはじめた思いを知り、演習でりんどうの特性を知り、実習で改めて畑に向かったときは、違った景色が見えたようです。「こみっと」バンクとして地域のさまざまな仕事の依頼を受けている登録生の仕事に対する意識が変わるきっかけともなりました。

そして、「マルカリ」事業の講師の方がたにも影響がありました。「小さな町でのささやかな商売は、食べていける商売ではなくなっており、自分の代で終わる覚悟はできている。自分を必要としている人がいるかぎりは続けたいと思う反面、足腰も弱り、いつまで続けられるかと不安が付きまとう。講師を務め、受講生がメモを片手に真剣に聞いてくれ、真面目に演習に取り組んでくれ、『あんたたち、アルバイトに来るかい?』ときけば『喜んで!』と応えてくれる。彼らが手伝ってくれるのなら、まだまだがんばれるかもしれないと、そんなふうに思えた」とある講師の方が言われました。

ひきこもり者等支援をはじめたはずの「こみっと」支援事業が、大きく様変わりしています。当初からの掛け声だった、地域に必要とされる「こみっと」、地域のお役に立てる「こみっと」が、本気で期待されはじめた実感があります。期待に応えなければと思いながら、時折ふと、これは一体、福祉の領域なのだろうかと自問自答します。答えはもちろん、これこそが弱者支援の限界を超えた地域福祉のだいご味なのです。

7 全員参加を可能にする「藤里方式」

こうして、福祉の立場からの地方創生事業、弱者と呼ばれる人たちもすべてが参加できるまちづくり事業が「町民全てが生涯現役を目指せるシステムづくり事業」（一四八頁・図4参照）によってシステムをつくり、いよいよ「町民全てが生涯現役を実践する事業」として開始しました。

本章の第4項から6項で、事業の内容と盛り上がっている様子を述べました。「町民全てが生涯現役を目指せるシステムづくり事業」の内容を読者がそっくりそのまま真似《まね》たとしても、同じ実践は不可能です。それは、藤里町社協に力量があるからではありません。「町民全てが生涯現役を目指せるシステムづくり事業」は、物語を重ねてきた藤里町社協が、今からはじめなければならない事業だからです。

多くの市町村社協が弱者支援を職務にしています。しかし、弱者支援の発想のままでは、「こみっと」に集う若者は支援を求める弱者でなければなりません。決して、自らまちづくりに参加する人たちではないのです。もちろん、高齢者も障害者も支援が必要な弱者ならば、地方創生に参加する人と考えてはならないのです。

本書の「はじめに」で「地域福祉にかかわる方」とは誰かを考えていただきたい、と申しあげました。もしかすると、社協職員は「地域福祉にかかわる方」を、社協が支援すべき弱者と社協事業に協力する人たちというように、社協の都合で区分していたのではないでしょうか。その無意識に近い区分をつくっている限り、地域福祉理念の実践者にはなれないかもしれません。

この本を読んで、全員参加のまちづくりが楽しそうだと思ってしまい、支援する側も支援される側もないことを納得されたのなら、どうぞ一歩を踏み出してください。

一歩を踏み出してほんの少し周囲を見渡しただけで、藤里町社協がはじめた「町民全てが生涯現役を目指せるシステムづくり事業」がちょっと面白そうな事業ではなく、あらゆる人にとって必要不可欠な事業だと思えることでしょう。それが見えたならその時点で、藤里町社協のアイデアをまねた事業ではなく、あなた自身の事業になることでしょう。

おわりに

藤里町社協では、弱者を支援する地域福祉という発想を変えたころから、地域の協働や理解が得られるようになってきました。皆さまの活動のヒントになればと思いこの本を著しました。

私たち福祉職は、支援が必要なのに制度やサービスがないという地域課題を見逃さずに提言し続けることや、支援が必要なのに支援が届いていない人たちに向けてきちんと対応していくことが最低不可欠の職務と考えています。

しかし、地域で今まで見えてこなかった困っている人を新たに見つけ出して対応することと、新たな弱者をカテゴライズして対象とし、支援事業をはじめることとは違うのです。

世情の変化で地域の困りごとの内容は次つぎと様変わりし、想定していなかった新たな支援が必要な層が出現するなかで、支援する側と支援される側はめまぐるしく変わります。そんな地域福祉実践現場で、従来からの対象者観では、地域の変化についていけません。何より怖いのが、地域福祉実践の目的が、その新たな地域課題の解決にすり変わることです。

地域で今困っている人たちに向き合って、地域でいきいきと暮らせるお手伝いをする。そんな地域福祉実践の基本姿勢を変える必要はないし、変えてはいけないのです。

制度がなければそれなりに、新たな制度ができればそれなりに、新しくても古くても福祉ニーズに対しては、常に現場の創意と工夫で対応していくことが地域福祉実践です。その対応は日常業務ですすめていくものであって、新たな地域課題の解決という難題でいつしか到達すべき目標にしてはいけません。

日常業務での対応となれば、職員または組織の力量によって大きく差が出ますから、変化する地域に寄り添い続ける力量をもつためには、地域福祉実践者としての揺るぎない覚悟が必要です。それは、理想図もなければ完成図もない果てしない作業を、ないものねだりではなく今あるもので、常に最良をめざし最善を尽くし続ける覚悟なのです。

この本がそうした「覚悟を見守る」役割を担うことを願っています。

《資料》

1　藤里町の概況

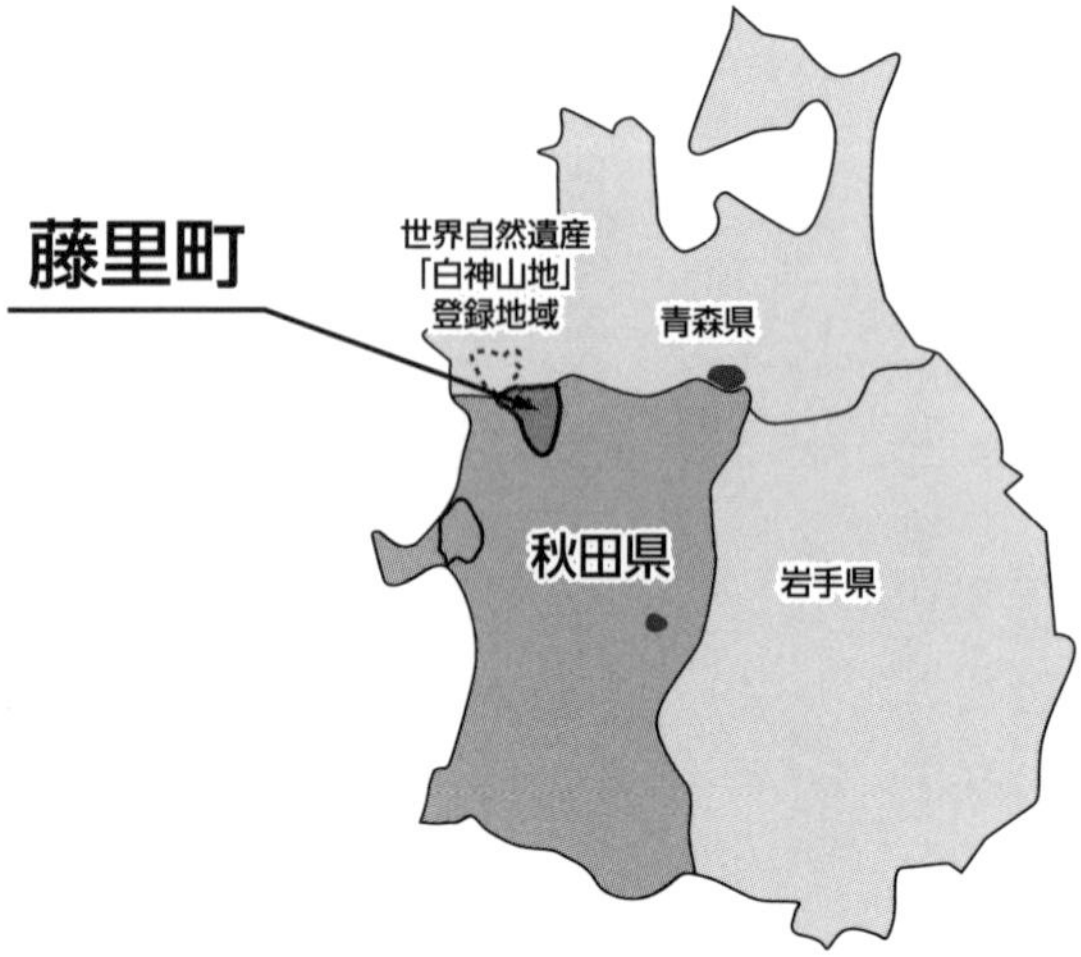

藤里町は秋田県の北部に位置し、青森県との県境一帯は標高一〇〇〇mを超える山並みが連なる白神山地である。その面積は二八二・一三㎢と広大だが、北部一帯は米代《よねしろ》西部森林管理署が管轄する国有林で、その面積は一八二・七㎢で全面積の六四・八％を占めている。

また、源流部は自然保護問題で全国的に脚光を浴び、林野庁の森林生態系保護地域、環境庁の自然環境保全地域に指定され、一九九三（平成五）年十二月に屋久島ととも

2016年6月現在

項　目	内　容	備　考
面　　積	282.13㎢	北部は国有林で町の64.8%を占める。
人　　口	3,524人	
世 帯 数	1,426世帯	
65歳以上人口	1,553人	
高齢化率	44.07%	県内第2位
2016年度藤里町予算（一般会計）	およそ32億円	
2016年度藤里町社協予算（一般会計）	2億8千万円	

に日本で初めて世界自然遺産に登録された広大なブナ原生林核心部であり、容易に人をよせつけない自然度を保っている。

林業の衰退とともに過疎化がすすみ、二〇一六（平成二十八）年六月現在の人口は三五二四人で、高齢化率は四四％に達している。

2　藤里町社協の事業概要

1）地域福祉活動、小地域ネットワーク
◎ネットワーク活動⇒トータルケアの充実
◎虐待防止の早期発見対応
（高齢者、障害者、児童）
◎制度の狭間対象者の発見対応
◎地区の福祉推進活動の支援
（地区別・課題別の対応）

2）当事者の組織化、支援活動
◎むつみ会交流会事業（一人暮らし高齢者交流会）
◎在宅介護者の集い事業
◎知的障害者家族交流会
◎精神障害者家族会の検討
◎チャイルドシート等の貸出事業
⇒貸出品目の充実
⇒子育て世代への応援事業の検討
◎資金貸付事業（たすけあい資金・生活福祉資金）
◎ふれあい安心電話事業
◎歳末たすけあい運動の実施　⇒対象者の検討
◎就労支援事業のプログラム実施（全国へ開放）
◎藤里版ハローワーク（トゥモローワーク）事業の検討
◎お食事処「こみっと」の運営
◎こみっとバンク事業の展開
⇒「こみっと」登録生の増員
⇒「プラチナバンク」の立ち上げ
◎団体活動育成支援

3）ボランティア活動・住民活動の推進
◎ボランティア活動の活性化
◎いきいきふれあいサロンマップの活用
◎「おらほの町自慢ガイド」の育成
◎精神保健福祉ボランティアの養成
◎パソコン交流事業
◎井戸端交流事業
◎井戸端交流・若者部会事業
◎ふれあい弁当⇒「食」のイベント
◎「仕事づくり事業」の開始

4）相談・マネジメントの総合的推進
◎地域包括支援センターの受託運営
◎地域活動支援センターの受託運営
◎障害者虐待防止センターの受託運営
◎指定相談支援事業所の運営
◎居宅介護支援事業所の運営
◎地域包括ケアシステムの在り方検討
◎法人後見の検討
◎日常生活自立支援事業の推進
◎伴走型支援の実施
◎家計相談（金銭等管理支援事業）の実施
◎総合相談体制の構築
◎苦情処理体制の整備
◎民生児童委員協議会との連携
◎ケアマネジメント機能の強化支援
（ケアマネジメントリーダー活動支援事業）
◎地域ケア会議の開催
⇒ケア会議のあり方の検討
◎地域福祉推進のための広域連携・多職種連携の在り方検討事業

5）在宅福祉サービスの推進
◎デイサービス事業所の受託運営と展開
◎ホームヘルパー事業所の運営と展開
・配食サービス事業の実施（週5回）
◎お買い物ツアー事業の実施
◎移送サービス事業の受託運営
◎生活支援ハウス「ぶなっち」の受託運営
◎福祉の拠点「こみっと」の運営
◎くまげら館の運営
◎農村環境改善センターの受託運営
◎「白神まいたけキッシュ」の製造販売
◎「こみっとうどん」製麺販売
◎シルバーバンク事業の実施及び整備
⇒「プラチナバンク」再編（新規）
◎こみっとバンク事業の実施及び整備
⇒「プラチナバンク」再編（新規）
◎介護予防「元気の源さんクラブ」事業の実施
⇒通常版（60歳以上対象）
出張版（出張源さん）
介護者版（みんなの縁側）
男性版（をとこ組）
全町民版（源さん大学）

6）ニーズ把握・情報収集・マネジメント
◎住民福祉意識調査の実施
⇒報告・連絡・相談用紙の活用
◎各福祉事業の効果・評価の推進

7）福祉啓発・福祉教育
◎広報「社協だより」の発行
◎ホームページでの情報発信
◎藤里町社会福祉大会の開催
◎地区座談会の実施
◎福祉教育の推進（共同募金会との連携）
◎お知らせサービス事業
◎社会福祉士・精神保健福祉士等実習生の受入れ
◎視察受入れ

8）組織体制・財政基盤・法人運営
◎職員の資格取得研修の助成
◎人事考課制度の実施
◎地域福祉活動計画の検証

菊池 まゆみ（きくち まゆみ）
社会福祉法人 藤里町社会福祉協議会 会長
秋田県藤里町生まれ。
（略　歴）
1990年 4 月　社会福祉法人藤里町社会福祉協議会入職
2002年 4 月　同事務局長就任
2014年 4 月　同常務理事兼上席事務局長就任
2015年10月　同会長兼上席事務局長就任
（資格等）
社会福祉士、精神保健福祉士、主任介護支援専門員
（著　書）
『「藤里方式」が止まらない』萌書房、2015年4月

【藤里町社会福祉協議会】
『ひきこもり　町おこしに発つ』秋田魁新報社、2012年4月 刊行
NHK「クローズアップ東北」「おはよう日本」「クローズアップ現代」、日本テレビ「ニュースゼロ」、秋田魁新報、毎日新聞、共同通信、福祉新聞、公明新聞等で、ひきこもり者等支援事業などの取り組みが紹介された。
2012年度 秋田県社協会長表彰、全国社会福祉協議会会長表彰受賞
2013年度 日本地域福祉学会地域福祉優秀実践賞受賞
2014年度 エイボン女性年度賞受賞

地域福祉の弱みと強み
―「藤里方式」が強みに変える―

発　行　2016年10月20日
著　者　**菊池 まゆみ**
発行者　**渋谷 篤男**
発行所　**社会福祉法人 全国社会福祉協議会**
〒100-8980　東京都千代田区霞が関 3-3-2 新霞が関ビル
電話 03-3581-9511　振替 00160-5-38440
定　価　本体 1,200円（税別）
印刷所　**株式会社 丸井工文社**

ISBN978-4-7935-1214-8　C2036 ¥1200E